A CAMINHO DAS ESTRELAS

VICTOR DEGASPERI

A CAMINHO DAS ESTRELAS

PARA AQUELES QUE SE PERMITEM SONHAR
OS LIMITES NÃO EXISTEM

COPYRIGHT © FARO EDITORIAL, 2020

Todos os direitos reservados.
Nenhuma parte deste livro pode ser reproduzida sob quaisquer meios existentes sem autorização por escrito do editor.

Diretor editorial PEDRO ALMEIDA
Coordenação editorial CARLA SACRATO
Preparação ALESSANDRA JUSTO
Revisão MARGOT CARDOSO
Capa, projeto e diagramação OSMANE GARCIA FILHO
Imagem de capa MXWORKSSTUDIOS | SHUTTERSTOCK
Imagens de internas NINA REYES, CYC, LISIMA, TITHI LUADTHONG, OLESYA TURCHUK, FFFFFFLY, SUNDRA, O.TYSHCHENKO, LAVIKA, BENJAVISA RUANGVAREE ART, ARCHV, OLGA GOLOVIZINA, NITHID, KON_TI, MIMIBUBU, KSUSHAART, ZHANNA ALEKSEYEVA, MORGANSTUDIO, KOMLEVA, ELMIRAL, JOLLIOLLY, DEEPGREEN, ANTART | SHUTTERSTOCK

Dados Internacionais de Catalogação na Publicação (CIP)
Angélica Ilacqua CRB-8/7057

Degasperi, Victor
    A caminho das estrelas / Victor Degasperi. — São Paulo : Faro Editorial, 2018.
    160 p.

ISBN 978-65-86041-00-2

    1. Literatura brasileira 2. Poesia brasileira 3. Crônicas brasileiras I. Título

20-1052   CDD B869.8

Índice para catálogo sistemático:
1. Literatura brasileira B869.8

1ª edição brasileira: 2020
Direitos de edição em língua portuguesa, para o Brasil, adquiridos por FARO EDITORIAL

Avenida Andrômeda, 885 - Sala 310
Alphaville – Barueri – SP – Brasil
CEP: 06473-000 – Tel.: +55 11 4208-0868
www.faroeditorial.com.br

SUMÁRIO

1. Os sonhos da alma 13
2. O tempo 21
3. Os ciclos 31
4. Coração com coração 41
5. Destino 49
6. Solidão 59
7. A importância da tristeza 69
8. Aquilo que só nós podemos ser 79
9. Sua sensibilidade 89
10. Livre para ser feliz 97
11. Os outros podem ser só os outros 105
12. O simples 113
13. Saudade 121
14. Amor 131

Todas as vidas são valiosas: nenhuma é maior ou menor, mais ou menos brilhante que outra. O céu de todas as vidas é feito de constelações, mas nem todo mundo já parou para observar seu próprio céu.

Você sabe quais são suas estrelas? Talvez ainda não tenha encontrado dentro de si a imagem exata ou a palavra certa para descrevê-las, mas sua alma vibra com o sentimento que emana dessas constelações. Seu coração, que me lê neste instante, consegue sentir a vida que você tem, pode e precisa ter, pois ele bate, e sua alma toca delicadamente estas páginas, que sorriem em resposta ao sentimento desse contato.

As estrelas são os sonhos que você tem ao longo da vida. Elas formam constelações só suas, porque cada coração trilha um caminho diferente e tem suas próprias histórias. Quando você pensa nas suas estrelas, o que o seu coração sente? O que você quer para o futuro?

Os melhores sorrisos sempre acontecem quando estamos próximos do que nos faz felizes. Eles vêm da nossa alma, a fonte de todos os sentimentos e da nossa vida: do mesmo lugar em que guardamos os nossos valores, desejos e sonhos mais preciosos.

Conhece aquela expressão "bem no fundo do meu coração"? É isso...

Nossos sentimentos são a forma que a alma encontra para se comunicar conosco. Assim, achar seu caminho verdadeiro é aprender a escutar o que a sua alma diz, é ouvir a si mesmo. Se você se concentrar agora, conseguirá entender o que suas emoções estão pedindo?

Para que possamos concretizar nossos sonhos mais preciosos, devemos traçar e tomar a rota que nos permitirá desfrutar da vida ao máximo, sem que ninguém interfira, pois é para isso que estamos aqui. Infelizmente, muitas pessoas deixam de lado a beleza de sua própria caminhada por escolherem caminhos que não são seus.

Não tenha medo. Agarre os seus sonhos.

Se você sente que o seu lugar é muito além de onde você se encontra agora, sua missão começa aqui.

As páginas deste livro serão infinitas, porque é como desejo que você sinta suas emoções, e as palavras aqui contidas foram impressas com a tinta que escorreu do meu peito, pois não há outra forma de escrevê-las.

Venha comigo, para que, juntos, possamos refletir sobre quem somos e aonde queremos chegar. Nesta jornada, analisaremos o coração humano e entenderemos como podemos transformar essas sensações nas escolhas das rotas que nos levarão à felicidade.

Venha! Vamos voar juntos rumo ao infinito, como astronautas explorando o espaço, em busca do que realmente é importante para nós.

Olhe para cima. Suas estrelas estão ansiosas. Você sabe do que elas são feitas? Você já parou para pensar que, talvez, o brilho delas seja um mero reflexo do seu? E que, na verdade, sua luz é tão intensa como a que vemos no céu?

1

OS SONHOS DA ALMA

A vida deve vir sempre acompanhada de deslumbramento, de um tipo de arrepio que acontece quando nos emocionamos com as nossas próprias conquistas.

Todas as pessoas têm o dom de sonhar, e os sonhos orientam nossos passos no presente para que possamos ir na direção daquilo que nos fará felizes no futuro. Os sonhos são também um lembrete dentro do coração de que nosso destino deve ser apaixonante.

Quis começar este livro pela **alma**, porque ela é o ponto de vitalidade que alimenta o nosso entusiasmo para qualquer destino que desejamos. Nossa alma é tão ampla! Temos emoções e ideias tão abundantes, que se tornam um combustível natural para irmos em frente. Assim, um sonho sempre puxa o outro, pois é disso que a vida se alimenta.

Percebo que, quanto mais cedo conheço meus sonhos, mais lindos se tornam cada um dos meus passos. Quando uma pessoa se desvia daquilo que importa à sua alma, ela se deprime e se cansa do presente, pois a alma guarda o que é fundamental para nós, por mais que ainda o desconheçamos. Quando não estamos caminhando na direção do que nos traz um sentimento sincero e genuíno de realização, a vida nos avisa por meio da tristeza e do desânimo que nos invade. Você provavelmente já passou da sensação de tristeza para a de felicidade em um piscar de olhos, simplesmente por causa de uma mudança trazida por um acontecimento ou decisão. Esses sentimentos negativos são recados dados pela alma e, sem eles, você provavelmente não mudaria de rumo: eles são necessários para nos lembrarmos da rota e reinventarmos nosso caminho.

Os sorrisos que surgem dentro de nós são os melhores, pois nascem como uma confirmação da via que tomamos a caminho das nossas estrelas.

Muitas vezes, traímos nossos desejos, porque é muito mais fácil seguir um caminho confortável do que nos arriscarmos em uma trilha difícil. Assim, preferimos aceitar que os sonhos são inalcançáveis, pois a expectativa e o esforço necessário para realizá-los trazem muito sofrimento e fazem com que tenhamos de encarar a possibilidade do fracasso.

Desculpe, coração que me lê, mas você só conseguirá se sentir satisfeito quando encarar os desafios impostos pela sua vida; afinal, brincar com seus sonhos e tratá-los como bobagem acaba fazendo com que você leve uma vida de pouca harmonia com a sua felicidade.

"Talvez as estrelas do céu nos observem para ver o brilho que carregamos por dentro.

Caminhos de medo tornaram-se caminhos de paz, porque tivemos a coragem de olhar para os nossos sonhos. Quanto maior forem, mais tranquilos e luminosos seremos.

Nossos sonhos talvez façam as estrelas do céu gostarem de nos observar por noites inteiras.

Somos seu céu estrelado."

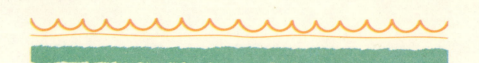

A possibilidade do fracasso assusta muito mais do que a estagnação, que apenas nos provoca uma dor com a qual já estamos acostumados. Aí é que reside o problema: o maior mal que alguém pode cometer consigo mesmo é permitir que uma dor se instale e se acomode. Sei que muitas dores não passam simplesmente porque queremos. Ainda assim, precisamos começar a dar os primeiros passos. Se você sente uma dor dessas, este livro pode ser algo na direção da cura, mas você também precisa procurar outras coisas que te iluminem por dentro, como atividades, hobbies, amigos, consultas e cuidados consigo mesmo. Precisamos ser o primeiro sopro do vento que encherá as velas do nosso veleiro.

Devemos ir rumo ao que queremos vivenciar e nos tornar. Devemos ir para onde sentimos que o nosso coração pulsará mais pleno. Assim, devemos nos permitir sonhar e imaginar livremente. Em qual direção seu coração baterá orgulhoso?

Sonhar precisa ser um ato de liberdade. Já reparou no número de limitações que você impõe aos seus sonhos e que o amarram de alguma forma? Acreditar que o sonho é grande demais para você, permitir que outras pessoas interfiram no que você realmente deseja, sempre achar que ainda não chegou o momento certo... Essas limitações, essas incertezas sobre o valor e a grandeza dos seus sonhos, nascem do seu medo de falhar, de frustrar as pessoas importantes na sua vida e da própria falta de confiança em si. Não é hora para isso. Quem não é livre para sonhar também não é livre dentro de si e jamais será livre no mundo.

Comece a perceber o que te emociona, o que sua alma reconhece e admira. Isso equilibra a vida e te encaminha para sua percepção do que é a felicidade. A partir dela entendemos quais são os nossos sonhos, porque, então, compreendemos o que desejamos viver.

O percurso rumo à felicidade também é valioso: ela não está puramente no destino final, quando conseguimos afirmar que alcançamos absolutamente o que queríamos. Ter sonhos como destino é uma forma de vivenciar os caminhos da sua vida que estão conectados à sua essência. Se sonhos nascem do seu interior, da sua alma, todos os seus movimentos estarão ligados ao que é importante e fundamental para você. No fim das contas, temos os sonhos como horizonte de nossa viagem, para assim sentirmos a felicidade em qualquer fase da nossa vida.

O INFINITO COMEÇA DENTRO DE NÓS...

Quando me enxerguei por dentro, percebi meu caminho. As raízes existiam, mas à frente delas havia o caminho que eu queria trilhar. Estava olhando para dentro, onde há tudo o que desejo que aconteça. Dentro de mim, não há espaço que me tomem. Meus desenhos, traços e rabiscos são compostos pela minha alma. Nada é mais meu. Se me querem, sorrio e me doo, mas não me peçam versões que o meu peito não compõe. Meus traços interiores seguem à risca os caminhos das minhas risadas. Sonho porque sonhando sei que realizações me farão feliz. Realmente, nada é mais meu do que isso, do que tudo o que posso ser para o mundo. Para mim, serei tudo. Afinal, ser tudo em vida é estar conectado com tudo que você deseja ser neste instante da sua existência. Como é bom ser tudo a cada instante!

Se em algum momento duvidarem do meu tudo, eu não me importo. Se entenderem que já fui alguma coisa a mais, sinto muito, agora isso é tudo. Não creio que seja nada menos, porque nenhum tempo que passa tira qualquer coisa de alguém. O tempo passa e eu ganho. Se já me senti mais feliz, não há problema. A emoção do agora me leva a lições que eu talvez ainda não tenha aprendido.

O futuro é o que me rega e nessa constante de vida eu me afloro. Se o tempo nunca para e minhas batidas acompanham, no mínimo faço desses movimentos meus aliados. Para alguns, tempo e vida que passam. Para mim, tempo e vida que chegam. Tudo que passa dá espaço ao novo, e se digo que "foi", é porque não acompanhei. Fiquei para as chegadas, e as minhas boas-vindas estão estampadas nos olhos. Tenho que receber o novo porque quero sempre ser mais. Assim descubro o poder de novos botões de flores. E descubro que há flores ainda mais bonitas do que as que eu já tinha visto.

2
O TEMPO

A pressa que nos move a cada dia tem mais a ver com nossas obrigações do que com nossos momentos de prazer.

Cada pessoa tem uma história única de vida e, por consequência, tem seu próprio tempo. Essa coisa de nos forçarmos a seguir o ritmo dos outros é uma grande bobagem. Tentar obedecer a velocidade de ponteiros que não são nossos é perigoso e muito difícil.

Na verdade, é lindo perceber que você tem um tempo só seu, e encontrá-lo ou entendê-lo não é nada complicado.

Desempenhamos todas as nossas tarefas em nosso próprio ritmo, então vamos lá. No seu tempo, claro!

Com que velocidade você lê estas palavras? Você pausa para pensar sobre o que estou te dizendo? Tira alguns minutos para sentir melhor o que estou tentando revelar a você? Talvez prenda a respiração e leia de uma vez só?

Está começando a perceber? Neste instante, enquanto você lê esta frase, já está começando a entender o ritmo com que faz cada coisa. A forma com que você lê, sente e pensa sobre as palavras que te digo é sua e única, como único também é o jeito com que fazemos tudo em nossas vidas. O tempo e, consequentemente, a rapidez com que experimentamos os acontecimentos, se expande ou se contrai de acordo com o que sentimos: a duração de um gole de nossa bebida favorita, de um beijo muito desejado, de um abraço apertado em alguém de quem sentimos falta ou do caminho de uma lágrima sobre a nossa bochecha é completamente diferente. Quanto tempo dura o sim ou o não envolvidos em uma decisão muito bem pensada ou em uma escolha por impulso?

 O tempo que seu coração leva aproveitando as coisas boas ou tentando sobreviver às ruins é único, pois cada pessoa tem um tempo que deveria ser entendido e respeitado.

 Cada vez mais, estou certo de que devemos nos atentar e obedecer a velocidade que a nossa alma pede. Para tudo. Você se lembra daquela nossa conversa sobre devermos seguir o caminho que nos leva aos nossos sonhos? Ora, eis aqui mais um passo para você chegar lá.

 Tudo o que fazemos, inclusive irmos em direção às nossas estrelas, deve ser feito no tempo mais próximo possível do que achamos suficiente para apreciarmos a vida e tudo que ela nos traz, sejam sabores, cores ou sentimentos. Somente quando reconhecemos essa cadência e deixamos de lado o descompasso entre o tempo que queremos e o que precisamos é que nos aproximamos verdadeiramente de nós mesmos e do caminho que nos fará felizes.

 A urgência e a calma podem ser igualmente deliciosas e torturantes, pois nosso coração sabe que há coisas que devem durar um milésimo de segundo e outras que devem durar horas…

"Me acalmo, me sinto e percebo os ritmos e o tempo da minha alma. Encontro os sorrisos que vêm de dentro e entendo que nascem quando deixo meu interior ser livre. Entender a velocidade com que desejo sentir e amar talvez faça com que as estrelas se aproximem ou, quem sabe, eu já esteja mais perto delas…"

Se cada ser tem um tempo, como eles se sincronizam? Bem, essa é a beleza da vida: mesmo quando estamos com os outros, permanecemos fiéis ao nosso tempo.

Veja bem, não estou dizendo que devemos nos manter inflexíveis e ancorados em uma verdade ilusória de que é o nosso ritmo que manda. Pelo contrário; devemos ser adaptáveis o bastante para reconhecer a velocidade com que nosso tempo quer correr em uma determinada situação. Pergunte-se sempre o que uma pessoa ou contexto despertam em você e procure descobrir como você quer agir.

Você, coração que me lê, deve lembrar-se sempre de que o nosso tempo, por ser limitado, é precioso demais para ser desperdiçado. Assim, aprenda a avaliar as situações e a perceber a quantidade do que você precisa para ser feliz. Entenda o tempo daquele momento e viva, sem se apressar ou prolongar demais. Quando você aprender a decifrar direitinho o seu relógio, use o tempo que sentir ser necessário para as situações que encontrar, pois, por mais que desejemos controlar o tempo do mundo exterior, sempre haverá os beijos apressados, os sonhos interrompidos, as ideias inacabadas e as decisões afobadas. Você repetidamente tropeçará nas tristezas e nas alegrias que te atropelam e decidem morar em você por minutos ou anos, ou nas despedidas e nos rompimentos que parecerão — só parecerão

— infinitos ou que precisarão de muito tempo para serem digeridos e aceitos.

Acredite: você deve aprender a curtir os sentimentos bons e a não fugir dos ruins, pois é o tempo pelo qual carregamos essas sensações conosco que nos permite trilhar o caminho rumo à felicidade.

Entenda, coração que me lê: quando estamos conscientes das lições que nos foram ensinadas pelos infinitos momentos de prazer e dor que experimentamos, nós nos tornamos muito mais fortes e capazes de seguir em frente.

Assim, sente-se, respire e viva o tempo que desejar, pois viver é descobrir que a melhor onda da sua vida está escondida no fundo de todas as ondas que quebram na sua praia.

"Aceito e procuro aprender com tudo que chega até mim. Semeio meu jardim com lágrimas e sorrisos, porque ambos têm sua beleza. A luz da vida faz com que tudo germine e torne-se a fonte do meu crescimento. Minhas histórias saem da terra e florescem, cada uma em seu tempo, como afirmações da minha vida, celebrações de tudo que passei até aqui. É lembrando-me das cores e dos cheiros dessas flores que construo, a cada dia, a base daquilo em que desejo me transformar."

OFEREÇO O MEU TEMPO A TI

Terás todo o meu tempo se despertares o que há de bom em mim, se fizeres meus olhos brilharem e o arrepio subir pela minha espinha. Permanecerei ao teu lado pelo tempo que se fizer necessário e terás toda a liberdade para me provocar, descobrir o que tenho de melhor e me mostrar sentimentos que eu nem sabia que habitavam em mim. Te oferecerei o meu tempo porque quero que meus ponteiros se movam felizes por saberem que estou vivendo plenamente, aproveitando a vida e o tempo que eles me dão. Assim, sorrirei desde já, empolgado com a felicidade que o futuro me reserva.

Lembrarei que o tempo também se mede pela luz do sol e pela sombra que ela produz. Por meio de um relógio solar imaginário, apreenderei as mudanças em teus tons e entenderei ainda melhor as nuances com que os sentimentos se apresentarão. As luzes, as sombras e os sentimentos atravessam o dia — e a minha vida — e não deixam de ter sua beleza, por serem necessários. Eles banham tudo o que está ao seu alcance: em sua amplitude de claro e escuro, bom e mau, transformam tudo o que tocam.

Nós todos, seres humanos, somos assim. Não somos apenas luz. Somos complexos e falhos e, por isso mesmo, talvez, sejamos tão belos. Vivemos e aprendemos, experimentamos alegrias e tristezas. É exatamente essa a multiplicidade que nos torna iluminados.

Em vez de deixar o tempo passar por mim, aprendi a viver cada segundo; não os desperdiço e digo: terás meu tempo se despertares o que há de bom em mim, pois desejo uma vida plena de significado.

Os sentimentos constroem nossa memória, que pulsa e ilumina a nossa rota no presente. Se somos infinitos e podemos tanto, não devemos nos contentar com pouco e aceitarmos menos do que merecemos e podemos carregar em nosso caminho. É por isso que precisamos nos descobrir.

Eu me dedico a essa busca, porque sei que, assim, meu caminho estará povoado de belezas cada vez mais raras e que jamais me assustarei com sentimentos grandes, pois minha alma estará acostumada a sentir. Dessa forma, estarei preparado para abrir sorrisos cada vez mais largos.

Terás todo o meu tempo se despertares o que há de bom em mim.

3
OS CICLOS

A vida é feita de opostos: partidas e chegadas, idas e vindas, perdas e ganhos, encontros e desencontros, despedidas e descobertas – o vai e vem das nossas ondas.

*Por sermos humanos, já abandonamos e
fomos abandonados, já fomos recebidos e
recebemos. Essa inconstância e nossa
habilidade de entendê-la forçam nosso coração
a estar aberto ao que cruzar nosso caminho,
seja brisa ou furacão, pois a única coisa que
permanece desses ventos são as sensações
provocadas por sua passagem.*

Somos humanos, então é natural que não desejemos nos despedir do que nos dá prazer. Ao mesmo tempo, estamos sempre abertos para acolher o que é novo e faz nossa alma sorrir, ainda que desconhecido. Por sermos atraídos pelo prazer, desejamos colecionar momentos bons, que façam nossa mandíbula doer de tanto sorrir.

É aí que esbarramos em um grande paradoxo: como lidar com a frustração de sabermos que os sentimentos que encontraremos em nosso caminho nem sempre serão aquilo que desejamos? Como não nos acovardar diante da inevitabilidade de abrir mão de coisas incríveis?

A resposta é simples: tendo um coração enorme e maduro o bastante para reconhecer a beleza dos ciclos que compõem a nossa vida.

Resistir ou nadar contra a maré é inútil. Entenda: lutar contra o inevitável é um desperdício da energia que você deveria utilizar para lançar os alicerces e construir uma base sólida para o caminho que você deve ou quer seguir.

Lembra-se de quando conversamos sobre o tempo? Novamente, afirmo que devemos nos permitir sentir tudo que precisamos, pelo tempo necessário. Em outras palavras, significa aceitarmos as mudanças, as perdas, as partidas e os erros e admirarmos a beleza que essas mudanças produzem em nós. É só através da compreensão desse processo que seremos livres o bastante para nos entregarmos plenamente à felicidade.

Sabe, quando penso a respeito de quem eu era no passado, mal consigo me reconhecer. Comparando minhas reações de antes com as que tenho hoje por causa da minha personalidade, das atitudes, dos sentimentos e das vontades atuais, percebo nitidamente o quanto cresci. Faça o mesmo: no seu tempo, claro, tire alguns minutos para se lembrar das dificuldades, das decepções e das tristezas pelas quais você passou. Tente recuperar o que você sentiu e a forma com que reagiu. Aposto que você também não reconhecerá muita coisa, porque evoluímos, nos transformamos, é natural.

Infelizmente, a dor é responsável por grande parte do nosso crescimento, pois é ela que nos força a encontrar saídas para retomar a busca pela felicidade. É o incômodo trazido pela dor que nos tira da zona de conforto e faz com que nos reinventemos e possamos enxergar as novas ideias, sensações, atitudes e escolhas que devemos fazer para reconhecer a pessoa que nos tornamos e o caminho que devemos seguir. A dor nos ensina um montão de coisas, pois nos obriga a responder a perguntas incômodas. É após um período de sofrimento que tentamos entender como evitar uma situação parecida ou conseguir um resultado melhor.

Isso se chama crescer e esse crescimento traz consigo a maturidade necessária para compreender como podemos melhorar.

Mas não se engane. Um período de sofrimento não acontece necessariamente para que enxerguemos nossos erros. Às vezes, temos que experimentar uma perda para adquirirmos a lucidez necessária para entender melhor as infinitas possibilidades de escolha com as quais a vida nos brinda.

É dessa maturidade que precisamos quando percebemos que algo chegou ao fim ou pressentimos que o fim está próximo. Quando fazemos uma escolha ou decidimos caminhar ao lado de alguém, admitimos um desvio na rota que havíamos traçado para nós mesmos. Muitas vezes, entramos em ruas curtas e sem saída, de extensão pré-determinada, como um curso, uma viagem ou um plano, cujas datas finais nos são anunciadas desde o início. Por outro lado, o final de algumas estradas se perde no horizonte, e a duração dessa viagem não nos é revelada: pode ser infinita ou exigir esforço para a construirmos a cada passo.

Acredito que assim são os relacionamentos humanos, pois exigem uma quantidade de cuidado, confiança, respeito e amor que varia a cada dia e só é entendida pelo nosso coração. Não há receita de bolo: cada minuto é único e necessário para que essa estrada permaneça aberta e cheia de possibilidades. Em outras palavras, como você não é a única pessoa responsável pela construção e pela manutenção desse caminho, não romantize as dificuldades: é a falta de cuidado dos caminhantes que permite o aparecimento de buracos e obstáculos que, a longo prazo, impossibilitam a viagem. Lembre-se sempre de que é a falta de cuidado diário com as rotas que abrimos para os nossos relacionamentos humanos que rouba o prazer do percurso.

Por mais que você se apresse para construir um pedacinho na última hora, aprenda a olhar para o horizonte e a reconhecer o fim de uma trilha e as novas possibilidades que se abrem à sua frente. Analise seu relacionamento e, caso você e seu parceiro ainda tenham energia e vontade, sincronizem suas bússolas e trabalhem para recriar o rumo que vocês seguiam. Agora, se vocês estiverem exaustos e o terreno parecer desafiador demais, talvez seja hora de tomar novos rumos, que serão mais fáceis de seguir por causa da bagagem adquirida em conjunto: a convivência de cada passo se transformou em crescimento para as novas viagens que vocês terão pela frente.

É no aprendizado que mora a beleza dos ciclos.

"Como um astronauta, sinto que preciso rumar para as galáxias certas. Apesar de intuir o meu destino, essa jornada é sempre desconhecida e é exatamente isso que parece fazer sentido, porque o novo sempre traz lampejos inéditos de vida."

Eu, aqui no meu cantinho, do outro lado desta página, continuo refletindo e tentando dividir com você a magia de descobrir que cada passo da nossa jornada traz descobertas e conquistas que nos marcarão por toda a vida. Não vou mentir: aprender a ouvir é um exercício diário e devemos afinar os ouvidos para localizar a direção de onde a felicidade nos chama — precisamos manter a alma aberta e deixar que ela nos leve rumo ao que precisamos.

É bem simples até. Os caminhos que nos trazem sentimentos bons nos ajudam a deixar a alma receptiva para o mundo. Por outro lado, quando nos perdemos em caminhos difíceis, ficamos tão preocupados em encontrar uma forma de dar o próximo passo que nos tornamos impermeáveis às belas paisagens que o mundo nos oferece nos caminhos alternativos que não conseguimos enxergar.

Respire fundo e seja honesto consigo mesmo: quanto tempo, energia e alegria de viver você está desperdiçando olhando para um horizonte que não te interessa?

Quando percebemos que estamos no caminho certo, nossa confiança desabrocha e nos permite observar melhor o que nos rodeia. O mundo se enche de magia e ganha cores incríveis, que nos chamam a atenção. Naturalmente, é possível que você encontre outras pessoas também interessadas nesse caminho por terem, em sua alma, os mesmos desejos que você. É dessa conexão que surgem as pessoas importantes nas nossas vidas, os amores e as amizades que parecerão eternas. Mais uma vez, seguir o caminho que te faz bem é fundamental para ter uma vida repleta de descobertas que trarão felicidade. É um processo contínuo que te oferecerá as ferramentas necessárias para encontrá-la cada vez mais rápido, até que ela passe a viver em você, na consciência de saber para onde você está indo.

Uma experiência que me faz pensar nos ciclos da vida é ver alguém vivendo um momento do seu dia que me pareça ser bom. Uma mãe parando para tomar um café com o filho, um casal aproveitando o dia no parque, uma pessoa realizando o seu trabalho ou até sorrisos que encontro por aí. Penso: quantos ciclos, quantos inícios e fins, essa pessoa teve que viver para chegar até esse instante? Alguns por escolha própria, outros pelos acontecimentos da vida, mas inevitavelmente os fins, que automaticamente propõem novos inícios, constroem novos caminhos. Se nos colocarmos na vida conectados ao nosso bem-estar, faremos dessas oportunidades o melhor para nossos passos seguintes. Lá na frente, talvez não lembremos disso, mas viveremos a somatória de todos os ciclos pelos quais já passamos, assim como estamos fazendo agora. Tenham sido eles tristes ou felizes, a busca pelo bem-estar nos levará, ciclo a ciclo, ao encontro das nossas realizações. Devemos aprender e aproveitar ao máximo, sempre! E, então, perceberemos que o voo começou há tempos e que o caminho está cada vez mais alinhado com o que nos faz felizes.

PELO MEU CAMINHO...

Com licença, estou passando aqui pela sua vida neste momento. Há vezes em que permaneço por muito tempo, outras em que me demoro poucos instantes e, finalmente, aquelas em que minha presença é momentânea. Todas, porém, são passagens. Meu abrigo definitivo encontra-se dentro de mim. Os lugares que visito nessas passagens são temporários. Sempre parto, mas não planejo a hora dessa partida, apenas sinto sua chegada.

Quando percebo que estou diante de um rio de vida, mergulho como se não bebesse água há anos; mas, apesar da sede, não posso me demorar, pois seria como não gostar do tempo que preciso para estar onde meus sonhos vibram.

Não perderei nenhuma chance de ser completo.

Daqui, levo muito e deixo o que quiserem. Um pouco de mim torna-se parte de todos os lugares por onde passei e levo em mim um pouco deles também. Tudo que me comover verdadeiramente se tornará eterno, e cada fagulha de vida que me aquecer permanecerá para sempre na minha história.

Também deixarei todas as sensações que minha presença provocar, porque a beleza se multiplica onde quer que esteja presente. Deixarei algo no coração de quem quiser e continuarei sendo, talvez até mais. Não sei quais partes de mim tocam as outras, mas não importa, pois cada um encontra a sutileza de que precisa. A beleza da vida é estar em tempos e lugares com sinceridade, para que possamos receber o que é preciso e ofertar o que temos de melhor.

Viver é um grande abraço entre o que somos e o que encontramos.

4
CORAÇÃO COM CORAÇÃO

Quando um coração se conecta a outro, um novo lar passa a existir. Conexões verdadeiras nos dão sustentação para irmos sempre além.

Vidas que se expandem são aquelas que têm muitos lares; elas encontram apoio e força pelo caminho para viver com entusiasmo e ousadia.

Penso que, para ser real e valiosa, toda conexão precisa ter um coração em suas duas pontas. Essa é, talvez, uma das ligações mais profundas de um ser humano com outro.

É natural que estejamos expostos a diversas emoções no nosso dia, querendo senti-las ou não. As ruins nos amedrontam, nos confundem e nos fazem inseguros do caminho. As boas nos envolvem, nos esquentam e nos fazem sentir mais completos.

O prazer que sentimos com o coração está diretamente ligado ao prazer de viver e de sentir que estamos aproveitando a vida. São nossas experiências, vivências e histórias que nos aproximam da ideia do tempo e da vida, das sensações boas colecionadas em nossos percursos.

Acredito que um dos mais valiosos e melhores caminhos para as delícias da vida seja a conexão coração com coração; mas preste atenção em um detalhe fundamental — é preciso que haja troca, que seja recíproco, que os dois corações enviem e recebam tudo de valioso que sabem produzir. Tome muito cuidado: é fácil nos conectarmos a um coração ao qual dedicamos muito da nossa vitalidade sem receber nada em troca. Esse tipo de contato é muito generoso, mas não produz equilíbrio — ele tem prazo de validade e produz cansaço. Nenhum coração consegue oferecer vitalidade sem receber o mesmo em troca.

Às vezes, nos dedicamos mais do que o outro, mas isso não quer dizer desequilíbrio. Muitas vezes, sabemos que estamos diante de um coração capaz de retribuir com a mesma generosidade, mas que nesse momento está precisando ser acolhido. E então, acolhemos, o que é a essência dessa relação: estar lá para o outro quando ele precisar.

Quando usamos o fogo de uma vela para acender outra, ele cria uma nova fonte de luz e calor sem precisar se diminuir. Ele se multiplica.

O amor é fogo.

"Nem preciso te olhar para sentir tanto. Em nossos abraços, ouso fechar os olhos para te encontrar dentro de mim. Quando te abraço, poderia olhar para a rua, para a janela ou para a paisagem que te cerca, mas elas não me interessam, por mais bonitas que sejam. Assim, fecho os olhos e presto atenção nos meus outros sentidos, porque há seu toque, seu calor, seu cabelo no meu rosto e nossos dois corações que já não entendem entre nós a quem pertencem — talvez ambos aos dois. Imediatamente passo a entender os encontros da vida."

Quando compartilhamos a felicidade, ela se multiplica nos corações e salta entre nós. Nosso peito se torna chama. Por outro lado, quando compartilhamos uma tristeza, um coração acende o outro para diminuir a sensação de ausência de calor, conforto e bem-estar: a chama é mais uma vez multiplicada, porque um oferece o que o outro precisa. Algumas vezes, doamos a chama; outras, aumentamos a que já estava acesa.

O sentimento de gostarmos, de nos darmos bem ou de irmos com a cara de alguém não estabelece necessariamente uma conexão. Seja justo consigo mesmo. Há relações mais e menos intensas, mesmo que você goste de todas elas. Se prestarmos muita atenção, percebemos, aos pouquinhos, o quanto podemos nos doar a alguém.

Há uma imagem que acho perfeita para descrever essa conexão. Quando duas pessoas se abraçam, seus corações se completam, pois o espaço vazio que carregavam é preenchido pelo coração do outro. É claro que abraços podem se resumir a dois corpos que se aninham por um instante, mas também podem ser um encontro, uma poesia, um carinho, um destino. Quais pessoas, com um abraço, conseguem fazer com que você se sinta no seu destino? São essas que te acompanharão e delas nascerá a força para buscar suas estrelas.

COMPARTILHAR...

Há os passos pequenos e pessoais, que dou pelas ruas arborizadas, e há minhas sensações gigantes. Ouço-me, sinto-me e transformo meus passos em uma dança de vida e o balanço dos meus cabelos ao vento na certeza de que as ruas escondem muito mais. Outros lábios foram beijados pelo mesmo vento e outros cabelos foram bagunçados pela felicidade de um momento. Há tantos universos, que a ideia de sermos sempre suficientes é absurda...

Na pele, lembro dos toques e, pela velocidade com que ando, revejo muitos dos passos que me ensinaram. Meus arrepios contam histórias e meus sorrisos sabem pelo que devem sorrir. Não me basta ser universo e ter um espaço infinito, porque quero preenchê-lo até sentir que não pode acomodar mais nada. Mas sempre pode... Não há delícia maior do que percebermos que vivemos e sentimos mais do que poderíamos imaginar.

Minhas caminhadas particulares pelas ruas sabiam que, na verdade, meus pés queriam me levar para onde fossem acolhidos e, a cada esquina que cruzavam e cada vez que o vento me tocava, soprando em todas as direções, eles torciam para encontrar alguém que quisesse se entregar. É como se a vida buscasse a vida, o amor buscasse o amor e os detalhes buscassem os detalhes.

Penso no sol porque ele traz luz e aquele calor de quando nos acomodamos bem, sorrimos tranquilos e respiramos leve naqueles momentos em que somos silenciados por uma emoção imensa, mas, mesmo assim, tentamos definir o que estamos sentindo. O belo sempre nos provocará, e as emoções nos farão descobrir que podemos ir além.

Permito que os meus instintos naveguem à vontade. Caminho pelas ruas que me atraem e aceito os ventos que chegam. Os lábios, agora secos, me lembram da sensação de molhá-los, os contrastes sempre lembram um ao outro. Quando vidas encontram outras vidas, nós nos lembramos de que há muito a descobrir e, quando os corações encontram outros corações, despertamos o ato de sentir. Se, então, passamos a viver sentindo, passamos a compreender dentro de nós para onde queremos ir.

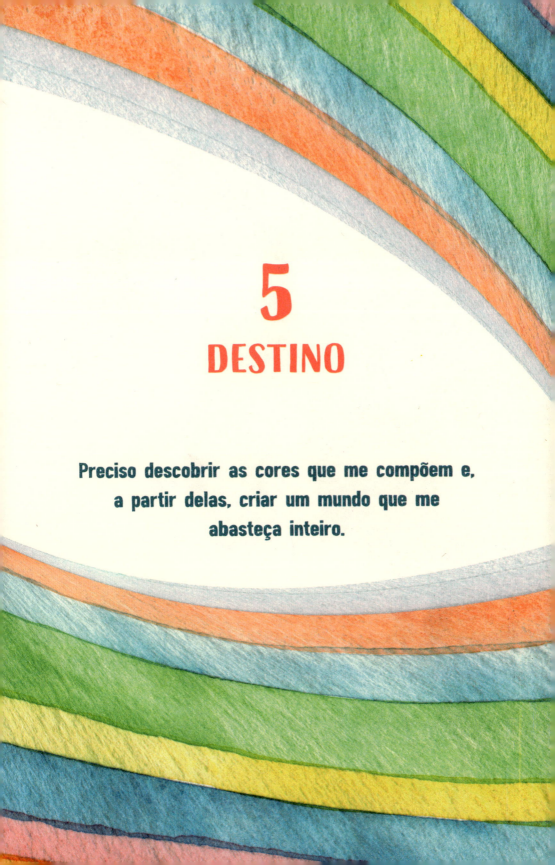

5
DESTINO

Preciso descobrir as cores que me compõem e, a partir delas, criar um mundo que me abasteça inteiro.

Sei o que, em meus cantos e meios, me faz respirar a vida. Se, por dentro, me percebo assim, por fora, preciso estar pronto para ser, viver e agarrar o que também faz parte de mim. Me encontro em cores, perfumes, toques e suspiros. Reconheço-me em vozes, músicas e carinhos que passeiam por aí como libélulas e vagalumes. Então, vou até elas para vê-las, senti-las, entendê-las e assim compreender no mundo o que nele realmente me faz sentir bem.

    Seu destino está onde partes suas já existem. São caminhos nos quais você sente que seu vento já sopra ou que seu sol te chama. Tudo que está escrito nestas páginas, no fim das contas, fala sobre ir em direção ao seu melhor destino, mas vamos pensar exclusivamente nele por um instante. Você sente quais ventos te chamam?

    Somos livres para seguir a direção que quisermos. Se considerarmos somente os nossos sonhos, desejos e arrepios, seria óbvio escolhermos os caminhos que prometem felicidade. Porém, o medo e a desconfiança trazidos pelos caminhos anteriores que não deram certo muitas vezes não nos deixam reconhecer o nosso rumo. Não te culpo, porque nosso coração quer abraços, proteção e o calor para pulsar tranquilo. Ainda que não tomar o caminho mais arriscado seja, muitas vezes, a única coisa que o seu coração consegue fazer, você já se perguntou o quanto pode estar indo contra o que te faz bem?

    O destino pode ser qualquer caminho que você siga a partir da decisão que tomar agora, mas só isso não basta. É preciso lutar para que seu destino passe por paisagens que serão amadas pelo seu coração: se você escolher seus caminhos a partir do que te emociona, encontrará lugares de amor, tocará os sonhos e o amor verdadeiro e sentirá a textura, o perfume e a emoção da felicidade. Por mais que algumas histórias e trajetos cheguem ao fim, você olhará para sua vida com a sensação de amor realizado.

Não importa se estamos falando de relacionamentos, de lugares pelos quais passamos, de pessoas que um dia frequentaram nosso peito, de momentos inesquecíveis ou de sonhos. Se você chegar a cada um deles seguindo o que te emociona, reconhecerá a importância de tudo que viveu, da riqueza de aprendizados.

Não há privilégio maior do que olhar para nossa história de vida e perceber que fomos autênticos com relação às nossas emoções. Nada, absolutamente nada, é mais gostoso do que a certeza de uma vida vivida realmente por você. Seu coração pulsou e amou. Você foi fundo e deve se orgulhar.

O fim das coisas boas que vivemos, daquilo que foi amado, nunca pode ser chamado de fracasso, mas de ponto final. Vivemos tudo o que podíamos e, se te servir de inspiração (a mim serve, e muito), tudo o que você viver se tornará parte do seu próximo passo. Você levará, em seu caminho, as sutilezas mais importantes da sua história, e todo o amor que você já sentiu na sua história sempre guiará o seu caminho.

"Quero me desdobrar em mil caminhos, quer nasçam do meu peito e ganhem o mundo ou nasçam no mundo e ganhem o meu peito. A origem deles não me importa: se passam pela ponte do coração, serão destinos meus e os reconhecerei pelo tipo de olhar que provocam ou pelo desejo de vida com que me inundam.

Abraços terão seu sabor, beijos terão sua textura e mãos terão sua intensidade. Se forem meus destinos, certamente falarão de intensidade.

Me entrego feito onda aos caminhos que sinto. Seguindo os percursos até as orlas que alcanço, abraço tudo que me faça sentir ainda mais o amor pela vida, direto para o coração, influenciando nitidamente meus movimentos, capazes de guardar todo o amor que eu puder sentir...

Destinos, afinal, são felizes assim: feitos de mundos que não se recusaram a amar."

Pelo mundo, pude testemunhar o lamento causado pelas histórias que terminaram em lágrimas e tristeza, e cujas vivências passavam a ser vistas como erros, experiências que jamais deveriam ter sido vividas. Não. Não se esqueça da sua vontade, do seu desejo, da sua coragem e da sua dedicação ao mergulhar nessas histórias. Não resuma simplesmente à tristeza algo que também te fez feliz e certamente te deu imensos aprendizados e amadurecimento. Mais uma vez: se no seu caminho você sentiu amor, você seguiu o destino certo e viveu momentos eternos e únicos. Há pessoas que tiveram a chance de viver diversas histórias, mas preferiram não arriscar, e, assim, se distanciaram de momentos que se tornariam eternos. Elas são, muitas vezes, covardes e preferem não sorrir para não se arriscarem a chorar.

Às vezes, um segundo define todo um percurso. Imagine uma encruzilhada. A diferença de um mero milímetro para a direita ou para a esquerda é o suficiente para mudar completamente o seu caminho. Sabe aquelas situações em que você pode se desculpar ou dar uma resposta atravessada? Ou em que você pode pedir um beijo ou se levantar e ir embora? Não digo que o pedido de desculpas e o beijo sempre sejam a escolha certa, mesmo que sejam as mais agradáveis. Na verdade, essa decisão deve ser tomada com o coração, baseada no que ele considera importante e, para isso, temos apenas milésimos de segundo para traduzir o que ele deseja para não nos arrependermos do caminho que decidimos seguir. Claro que a racionalidade também é importante; ela tem uma função e nos ajuda a pensar com variáveis que a emoção muitas vezes pode ignorar, mas o seu coração também está conectado ao racional. Agir com o coração é diferente de agir só com a emoção. A tristeza de uma decisão que você teve de tomar ou o medo de um passo à frente, ainda que partindo do coração, são emoções baseadas também na racionalidade. Fazer escolhas com o coração é considerar o seu todo e sentir qual caminho ele entende que deve seguir. Um erro causado por puro orgulho ou raiva pode representar o fim de um lindo caminho; mas, ao mesmo tempo, às vezes precisamos ir embora ou dar uma resposta atravessada para que as coisas voltem aos eixos ou para encontrarmos novos começos.

Não podemos esquecer do amor próprio. Devemos aprender a equilibrar a quantidade de amor que sentimos por nós mesmos e pelos outros.

Um bom destino sempre será aquele que deixa pegadas de amor.

BORDADO DE AMOR...

Desde pequeno, costuro as alegrias que chegam até mim: os sorrisos inesperados, nascidos do simples e do colorido, o som divertido, as caretas engraçadas, os olhos arregalados perante o novo e os ouvidos atentos ao que parece ser feliz.

Descubro a graça de estar vivo. Ela está nos detalhes simples que estão por perto e dentro de nós mesmos. Costuro tudo e tanto, que me aqueço de todos. Vida pulsa.

Do que descubro, me faço. Busco mais e aprendo a ser. Quero meus movimentos ordenados com tudo de belo que conheço e então ser parte de toda beleza. Quero ser um palhaço malabarista de nariz vermelho e sapatos coloridos. Quero estar vivo como os sorrisos de surpresa e sensível como os abraços de saudade. Me costuro todo a tudo que quero.

Fico atento às surpresas. Deixo-me desperto e protegido carregando meu amor. Se me preparo para tudo, com o que aprendi, estarei pronto para todos os tipos de aventuras: as esperadas serão abraçadas, e as inesperadas, amadas. Não há o que me derrube a vida se sei o que me importa. Chacoalhar, sim. Há sustos que nos jogam como ondas inesperadas, mas eles não levarão o que descobri de dentro para fora. Surpresas trazem ventos inesperados, e essa é a chance para descobrirmos o novo, pois esses ventos nos levarão para direções que não conhecemos.

Não ando só. Não ando solitário pois sou feito de muitas vidas juntas e ainda quero continuar a me unir a outras. Para quem é sensível, o outro sempre nos oferece uma possibilidade de reinventarmos o mundo.

Bom mesmo é não ter certeza absoluta e viver para descobrir. Assim, que continue incerto e que a busca nunca acabe. Que o destino seja a vela, e o amor, os ventos. A direção será boa e, aonde quer que chegue, você será tudo o que, sorrindo, já desejou ser.

6
SOLIDÃO

A solidão não é vazia, ela nos ajuda a observar o mundo. Pode te oferecer uma oportunidade para aprender a enxergar o que você carrega no seu íntimo mais profundo.

Solidão é se sentir só por dentro, é não deságuar no mundo e não receber o que o mundo deságua em você. Quando isso acontece, essas duas fontes de vida, você e o mundo, ficam desconectadas. Você pode estar no meio de uma multidão e sentir que aquilo que o ligava ao que há ao seu redor é uma ponte que desabou. A sensação de solidão é extremamente dolorosa, é não encontrar onde expressar o que você é. Você não precisa saber afirmar quem é, mas precisa ter sempre a chance de poder ser você mesmo. Crescer, amadurecer é experimentar o mundo e deixar ele te experimentar. É deixar o mundo também te conhecer.

Como todos nos sentimos sós em alguns momentos da vida, não podemos ignorar a existência desse sentimento. Na verdade, devemos transformá-lo em parte da nossa força, em combustível para o voo, por mais que ele nos enfraqueça e nos deixe com vontade de carinho e saudade dos tempos melhores.

Mas tenha calma. Há um movimento que pode ser feito e, aqui, te dou a mão para que o façamos juntos. Talvez você já tenha sentido ou ainda sinta solidão, e podemos pensar em formas de fazer com que isso seja menos sofrido. De toda forma, vamos pensar sobre nos sentirmos sós para compreender que decisões tomar.

Nosso coração nos chama.

Algumas vivências do passado te desviaram do caminho da sua alma. Não sei que atitudes, escolhas, acontecimentos ou pensamentos te levaram ou podem te levar a essa sensação de estar só, mas a solidão, o desabamento da ponte com a vida, surge devido a um processo de desconexão com nós mesmos e, por consequência, com o mundo.

É esperado que, na vida, sintamos emoções que nos machucam, seja por qual razão for, mas é preciso ter conexões que sustentem a sua vitalidade e impeçam esses incômodos de serem protagonistas no seu nível de satisfação com a vida. Ou seja, ter presente aquilo que te anima, que te inspira, que te realiza, como fontes de vitalidade para que uma dor, embora machuque, não consiga abalar.

Ter essas conexões com a vida é como carregar argumentos a favor da felicidade. Todas as situações e momentos que vivemos, de forma consciente ou inconsciente, te proporcionam uma avaliação emocional dessas experiências. Nessa avaliação, consideramos todas as variáveis e a conclusão que encontramos é representada pelo que sentimos. Podemos nos entristecer, nos chatear, nos decepcionar? Claro que sim. Mas, se tivermos atuante na vida, aquilo que alimenta nossa alma, o que nos faz realmente bem, não atingiremos uma emoção negativa que nos domine, paralise e nos faça perder o rumo.

O que alimenta a sua alma?

Podemos pensar em um infinito de coisas, desde pessoas e relacionamentos até atividades e atitudes que te proporcionem a sensação de estar conectado ao que pra você é importante na vida. A ausência dessas conexões abrirá um espaço vazio que não será preenchido por ocupações que não te inspiram, independentemente de tantas coisas, demandas e ocupações que você tenha. Continuará vazio. Se somos seres emocionais, buscamos emoções que nos fazem felizes. Se não as encontramos, a solidão se realiza.

Em meus momentos a sós, lembro que, enraizadas em minha intimidade, há ideias, lembranças e vontades que me abraçam. Talvez, a solidão me faça olhar para dentro e lembrar que muito foi vivido e que há muito para viver.

Então não preciso me inventar, apenas me descobrir. Se o coração bate e a alma sente, já existem sonhos. Descobri-los é viver o que o mundo deseja.

A solidão é a forma com que sua alma pede que você pare, respire e pense. Ela diz: fique calmo, preste atenção e escute as necessidades do seu coração. Que decisões te trouxeram para onde você se encontra? Você é capaz de reconhecê-las? Caso não consiga, reflita sobre o que você fez e sobre os outros caminhos que poderia ter escolhido. Sinta quais outros desfechos eram possíveis e quais atitudes preservariam aquilo que te faz falta. Não sinta vergonha ou culpa de ter feito escolhas que hoje você entende que não deveria ter feito, porque nos tornamos seres humanos mais maduros quando reavaliamos o que nós mesmos fizemos.

Quando você olhar para os caminhos que não te fizeram bem, você já vai se sentir um pouco mais aliviado. Quando encontrarmos esse pontinho, que normalmente se esconde de nós e é bem sutil, encontraremos força e capacidade em nós mesmos para superá-lo. A certeza de saber que o caminho não era aquele te possibilitará descobrir a rota que você deveria ter tomado. Só assim você poderá se abraçar novamente, se direcionar para o caminho no qual se sentirá melhor. A solidão diminuirá, pois você conseguirá perceber o que sua alma pedia e precisava, o que fará sua chama aumentar e o coração se aquecer, porque você estará revigorando a vida.

Talvez você tenha que colocar algumas coisas em prática para trazer o que está faltando e assim reconstruir sua ponte com a vida.

O que está faltando ao seu redor? Pessoas? Atividades de que gosta? Uma aventura que sempre quis viver? A realização de um desejo deixado pra trás? Vá em direção àquilo que te faz falta. Com cuidado e carinho, mas vá. Caso sinta falta de amizades ou de amores, aproxime-se de quem você já conhece ou abra a porta para a entrada de pessoas novas. Talvez, aquelas com quem você se relacionava no passado devam ficar lá mesmo. Você perdeu atividades e projetos de que gostava? Abandonou desejos que ainda te habitam? Retome-os. Vá com o coração, com todos os seus sentimentos. Tudo acontecerá de uma forma nova, uma vez que você está numa nova fase.

Desejo que você, coração que me lê, busque o que te faz falta com generosidade e cuidado com o seu coração.

Tome cuidado para não insistir nos mesmos erros que te machucaram no passado. Vá em direção àquilo que te faz falta, sem tirar os olhos do que é essencial à sua alma, ainda mais porque, agora, você sabe o que acontece quando deixa isso de lado. Estamos reconstruindo a ponte e recuperando a energia de viver. Você está voltando a experimentar a vida com brilho nos olhos. Tenho certeza de que a satisfação de agora é melhor do que qualquer uma de antes, porque você está muito maior do que um dia já foi.

Essas dores que sentimos, crises que passamos e mergulhos que damos em nós mesmos nos tornam mais fortes, corajosos e preparados, porque deixamos de ser passivos perante a dor. Nesse processo, aprendemos por que sofremos, reconstruímos o que é necessário e partimos em direção ao que amamos.

É lindo quando criamos vida nos nossos próprios desertos.

DESEJO TER JARDINS IMENSOS DENTRO DE MIM

EU, INTEIRO, SOU ARCO-ÍRIS...

Às vezes, pareço habitar um espaço fora de mim...
Observo minhas margens vazias, longas e de horizonte
distante e me assusto com o silêncio que habita minhas
orlas, que já foram de encontro e festa. Me vejo ali,
apenas comigo mesmo e com a coragem de me enxergar.
Meus anseios, confusões e lembranças parecem ser tudo
o que resta, já que seus opostos se foram. É meu
momento só e de procura por vida. Há uma fagulha
sempre presente. Sem ela, eu nem sentiria o impulso da
busca. Procuro e entendo... Ainda que em forma de
fagulha, o fogo da vida não deixa de habitar em mim.
Qualquer coração vivo guarda sonhos em seus espaços, e
qualquer coração vivo tem força para acendê-los.

O olhar carrega suspiros. Preciso me analisar com
emoção e atenção. Meus medos e sustos recebem
atenção, porque já não posso ignorá-los. Terei que
sentir, porque assim descubro o que eles dizem. A
fagulha me acompanha e uso-a para descobrir a
direção a seguir. Os sonhos são responsáveis pelos
ritmos alegres que vivemos e a vida é feliz quando se é
livre para querer qualquer infinito. Se meu peito
conseguiu criar essas imagens, acompanhadas de
sensações e cores, chamados sonhos, não sou eu quem
dirá que não existem.

Reflito com atenção e carinho sobre meus caminhos e penso sobre tudo que vivi até aqui. A fagulha cresce e os silêncios passados não habitam mais meu peito. É preciso coragem para olhar o que não vai bem. Começo a entender quais percursos fiz para estar onde estava. Não queremos, mas os caminhos contrários às vontades do coração nos levam para o vazio de nossa infelicidade. Como é bom descobrir e tocar em tanto que acontece dentro de mim, então parto para me habitar inteiro, porque descubro que não posso habitar só as minhas partes que sorriem. Quando descubro minhas partes contrárias aos sorrisos, as difíceis de encarar de frente, entendo que as dores são as que mais ensinam e, então, os sorrisos ficam ainda maiores e os horizontes chegam pertinho. Busco os arco-íris, e isso se torna mais fácil sabendo também onde eles não estão.

Aprendi a não ter medo de mim mesmo e dos sustos que passo durante a vida: tudo pode vir para me ensinar a encontrar um caminho mais preciso em direção ao que me parece bonito.

Peço que não se assuste com a solidão ou com as orlas vazias, pois elas são parte da construção que te levará até as estrelas. Quando olhamos para o vazio, entendemos o que precisamos buscar.

7
A IMPORTÂNCIA DA TRISTEZA

O calor das boas caminhadas nos envolve como o toque de um amor correspondido. O frio que nos faz sentir solitários nos alerta sobre o caminho. Tudo o que sentimos nos indica a direção certa. A tristeza quer te fazer feliz. A cada passo, seus sentimentos vêm te contar a direção em que você está.

Pode parecer contraditório atribuir uma qualidade positiva à tristeza, mas confie: ela realmente quer te fazer feliz. A tristeza nos afasta de tudo que dá sabor à vida. Passamos a não conseguir defini-la com muitas cores, sabores, perfumes e toques. A ausência de vida é sentida com a dor de um coração que deseja sonhar e sorrir. Se esse sentimento nos afasta de tudo que dá sabor, ele também nos mantém longe do que é capaz de motivar nossos corações e faz com que o horizonte e o sol pareçam distantes e inalcançáveis, o que nos faz pensar em menos cores, menos calor, menos movimento.

Só um peito triste sabe a grandeza da ausência que sente. Precisamos encontrar novos sóis que nos façam crescer e ganhar força para voltarmos a sentir o horizonte de pertinho. Temos que buscar calor de vida.

Precisamos aprender a escutar nossos sentimentos, pois eles sempre trazem recados da alma. Se você se sente feliz, ótimo, o recado é fácil: siga em frente ou faça mais vezes isso que já está fazendo. Se está com medo, seu cuidado consigo mesmo chega rapidinho e te protege do perigo. Todas as emoções têm sua função.

Se você está triste, calma, coração, vamos descobrir juntos o que precisa ser mudado. A tristeza quer te fazer feliz porque ela é um alerta sobre aquilo de que precisamos cuidar. Como é difícil entender o que ela nos diz. Precisamos sentir, refletir e nos aprofundar em suas causas, e é exatamente o que ela nos pede. Se a tristeza não existisse, seu coração não perceberia que seus passos não te levam a lugares bons e você continuaria rumando a um destino que não te faz feliz.

Que bom que ela existe, grita e nos machuca, mas não devemos nos acostumar à dor, pois ela deve funcionar somente como o impulso que precisamos para começar a trilhar um novo caminho para as estrelas...

Assim, não precisa ter medo, coração. Somos astronautas, lembra-se?

"Foi na escuridão que descobri minha luz. Ainda que eu tivesse a impressão de não ir a direção alguma, sentir já me levava a mim mesmo.

Encontrei, na incerteza do caminho, as certezas que tenho por dentro. Caminhos tortos me fizeram ser maior e, por isso, descobri tudo o que eu poderia ser.

Dedico meu sabor à minha coragem e aos sonhos brilhantes dentro de mim. O coração sempre será maior e os sonhos, verdadeiros sempre.

Ainda que minhas escuridões existam, minha luz prova sua força por lá. Transformo a escuridão em luz e o amor, em vida. Viver é mesmo um coração sem medo de rumar."

Em nosso mundo, as distrações estão a um toque dos dedos. Por não queremos sofrer, usamos tudo o que temos para afastar a dor, mas ela sempre volta, não é mesmo? Não tínhamos feito nada além de escondê-la por algumas horas. E sabe qual é o pior? Ela cresce, e sua ausência dura cada vez menos. Como a alma não consegue se fazer ouvir, ela começa a gritar mais e mais alto, até o ponto de a dor se tornar insuportável. Nesse momento, talvez não consigamos nem tomar conta de nós mesmos, pois o pouco de vida que havia se vai. Você precisou chegar ao seu limite para que parasse e ouvisse o que seu peito tinha a dizer.

Não queremos chegar a esse ponto.

Converse com a sua tristeza. Pare e sinta o que ela quer com tanta força. Como aprendi com uma mestra que cruzou meu caminho, tome um cafezinho com a tristeza e depois mande-a embora. É isso! Ouça-a, considere-a e depois mande-a embora. Não quero que você passe um ou dois dias mergulhado nessa conversa. Peça o menor café disponível, mas não deixe de ter esse encontro. Depois, use tudo o que tem para se livrar dela, não há problema. Ouça sua música favorita, encontre seus amigos e respire o ar no qual as borboletas voam. Você merece ter um coração tranquilo, um riso fácil, e todas as suas emoções querem te levar a isso. A alma busca paz e felicidade.

Abra seu coração e deixe pra lá os julgamentos, as resistências, os preconceitos e os orgulhos. Seja uma folha em branco e deixe que ela componha em você aquilo sobre o qual você precisa refletir. Quando reconhecemos aquilo de que precisamos, sabemos para onde ir.

Com o recado dado e os ajustes feitos, nos reequilibramos e voltamos à rota. Os sentimentos também nos dirão isso. Sabe a calma de estar bem? A paz do caminho tranquilo? O amor pela vida se acenderá novamente. Temos que ser chama nessa loucura deliciosa chamada vida.

Não precisamos fazer tudo sozinhos. Se precisar da ajuda de profissionais ou das pessoas que te cercam, peça. Independentemente do caminho, você terá que ouvir a sua tristeza.

Nosso corpo tem a capacidade de nos alertar e orientar sobre o que for necessário para vivermos bem. Muitas vezes com dor ou de maneira incômoda? Sim, mas é necessário, porque, quando não nos sentimos incomodados, acabamos nos acomodando e não nos transformamos. Se não nos transformamos, não crescemos. Se não crescemos, por que vivemos? É preciso ser gigante para sentir as belezas imensas da vida.

MINHAS CURVAS DO CAMINHO...

Por favor, compreenda minhas curvas. Não estou falando das que você identifica à primeira vista, mas daquelas que sente quando me enxerga por dentro. Refiro-me às minhas inúmeras e melhores curvas, as que seguem para todas as direções dentro de mim.

Perceba e permita minhas variações. Sou melhor com todas elas. Suas partes preferidas só existem por causa de todas as outras e vice-versa. Sou tudo e não posso gostar apenas de algumas das minhas partes. Meu coração bate por todas as minhas curvas e todas elas justificam as batidas.

Também tive que aprender. Tive medo e resistência pelo que não me soava sol. Pretendi-me apenas solar e não tive sentido. Minha forma de crescer, meu olhar mais sensível e meus sentimentos mais precisos nasciam também dos meus tempos nublados. Quando entendi o que as nuvens queriam desenhar, pude fazer delas a razão de belos sorrisos futuros.

Para tantos, gostaria de sugerir a vida composta por você em sua forma inteira. Não acredite, nem por um segundo, que partes suas não deveriam existir. Tudo o que você não gosta em si faz parte de tudo que você é e é tão importante como as partes que você tanto gosta. Não podemos precisar o quanto da sua felicidade nasceu do aprendizado do que é difícil. Como sempre me lembrarei, o coração pulsa por todas as nossas partes, e logo compreendo que todas devem ser vivas. Se estrelas guardo por dentro e busco lá fora, terei os brilhos sempre como destino, mas para isso preciso me ter inteiro pelo percurso.

Sou estrada, e cada curva me leva em frente e para a próxima. Quanto mais calma sinto, mais enxergo os detalhes. Quanto mais detalhes, mais entendo onde estou e o que preciso. Respiração leve e música gostosa. Luz dourada e cores brilhantes. Cheirinho de café e almofada macia. Voz de quem gostamos e risada de bobagem. Amor por si e por quem há pelo caminho. Vontade de criar e de construir o que se é. As curvas são mesmo preciosas para os nossos destinos mais bonitos. Faremos, então, uma vida realmente iluminada.

UMA PAUSA

Gostaria que parássemos por um instante. Estamos fazendo uma viagem linda, mas também densa e dolorosa. Assim, peço que você, coração que me lê, perceba quaisquer pensamentos ou reflexões que os capítulos anteriores produziram em você, pois estamos falando sobre temas que te acompanharam por toda a vida, estamos falando da sua história.

Não tenha medo de sentir ou de ressignificar suas ideias. Se você está caminhando com o coração, está sempre rumo ao que te faz crescer.

Deixe que esta pausa dure o tempo necessário. Quando você sentir que o coração está pronto, vá em frente e leve tudo o que estamos construindo.

Estamos fazendo uma viagem linda. E, de fato, nos descobrindo astronautas rumo ao que nos importa.

Não só vemos, mas já sentimos o brilho das estrelas...

8
AQUILO QUE SÓ NÓS PODEMOS SER

Nada nem ninguém existe em seu lugar neste instante. O espaço é seu, a existência é sua e, por onde você estiver, será você e não outro.

Cada milésimo de tempo vivido pelo teu coração e por teus sentidos faz cada vida desses milésimos ser percebida do teu jeito. Sempre somos, dentro do mundo, uma possibilidade única, porque do mundo fazemos uma possibilidade toda nossa.

Ninguém nunca fará nada exatamente como você. Então, por que não entregar ao mundo uma versão inédita daquilo em que você acredita?

Gosto de pensar que qualquer criação nossa será sempre única. Isso aproxima o coração de nós mesmos e nos faz sentirmos mais especiais no mundo.

E temos que nos sentir mais especiais no mundo.

Sei que outras pessoas provavelmente estão fazendo coisas parecidas com as nossas, mas não exatamente as mesmas. Suas sensações e emoções são responsáveis por darem uma identidade própria a tudo o que você faz. Você, neste instante, carrega no peito todos os milésimos de tempo que já viveu. Um milésimo a menos e não seria mais a sua história completa. A cada espaço de tempo e lugar onde atuamos, nós compomos um pouco mais da nossa história.

Acredito que, quando decidimos com o coração, nos aproximamos do que fazemos de melhor, seguindo o caminho da felicidade, do amor e da calmaria no peito. Por isso, é impossível não acreditar que o faremos bem: comporemos nossa vida com uma intimidade única e apresentaremos ao mundo uma versão inédita daquilo em que acreditamos. Nosso coração vibra feliz, porque sentimos que nossa vida está sendo bem vivida.

Sei que sua vida é corrida e desafiadora e que você nem sempre tem poder sobre todas as decisões tomadas, mas qual é a sua missão lá na frente, coração que me lê? Uma pessoa só tolera os desafios quando sabe para onde está indo. Independentemente do que tiver de encarar, você sabe qual é o seu destino maior e daí nasce sua força para viver o presente. Você pode pensar em ser o maior e o melhor naquilo que faz ou simplesmente ser feliz. Pelos seus caminhos, você pode criar, modificar e reinventar os seus destinos — o importante é ter em mente o que você quer para o futuro, mesmo que sejam mais sorrisos. Assim, suas escolhas serão feitas com base nesse destino, e só o que você é te levará ao que você deseja sentir.

"Meus tons, ainda que navegantes em sentidos múltiplos e em emoções diversas, fazem da minha vida uma existência única. Percebi que de tons outros, de navegantes outros e de caminhos outros também construo o que sou, porque reconheço o raro que junto à minha raridade me faz pleno. A vida parece mesmo ser um reconhecimento de raridades e vivências. Por isso, me disponho a oferecer a minha também ao mundo, e assim só posso viver sentindo e pulsando minha forma absolutamente minha de ser.

Realmente, uma vida é única em qualquer tempo."

Nós também temos que nos lembrar que somos um coração único encontrando outros corações únicos. Muitas vezes, nossas expectativas nos fazem tentarmos parecer mais interessantes do que somos e não esperamos do outro nada menos do que a sensação de finalmente termos encontrado o que é raro. Dizem que sentimos isso no início das paixões, mas que ela acaba... Ela acaba porque você deixou de enxergar a raridade a partir do momento em que se tornou comum na sua vida. Veja, você deveria se sentir feliz por ter o privilégio de ter a pessoa rara pela qual se apaixonou na vida. Não podemos perder o olhar raro. Com o amor, teremos que conquistar a consciência da raridade de quem amamos, assim saberemos o que temos por perto e não perderemos o olhar de admiração.

Amizades, família, amores... Os relacionamentos têm desafios constantes, mas não perca de vista o que te fez sentir amor pela primeira vez ao encontrar aquele outro coração. Na trajetória da convivência, vivenciaremos emoções variadas nos momentos lado a lado, mas precisamos ter a sensibilidade de nos lembrarmos do que nos ganhou o coração no começo desse encontro. Se, com a evolução e a convivência, você sentir que o amor se foi e que a história já parece ter tom de passado, tudo bem. É humano vivermos começos e fins. Talvez você já esteja começando a entender o que houve ou ainda vá demorar um pouco. Às vezes, o que um dia foi um encontro, com o tempo fica desencontrado mesmo, mas mantenha seu olhar sensível, independentemente do que houver, tanto sobre você quanto sobre qualquer outra pessoa. Todo mundo merece ter sua existência incomparável reconhecida.

Desejo que você siga todos os seus percursos sabendo que não há e nunca haverá nada igual. Onde estiver, você terá a chance de fazer algo que o mundo nunca fez.

Não importa em que você acredite, não tenha medo de investir tudo o que você é. Ainda que outros tenham tentado ou passado por esse caminho, ele será novo e único a partir do momento em que agora seja você. Faça a sua história.

O que não tivermos coragem de fazer, o mundo perderá para sempre.

MINHAS PEGADAS DE SORRISOS...

Às vezes, minhas histórias mais felizes me vêm à cabeça e meu sorriso se abre instantaneamente. Antes, sinto, pois antes de estampar as curvas do meu rosto, o sorriso nasce na emoção do meu eu mais profundo. Penso sobre sua chegada em imagens, sons, perfume e toque e vejo como são grandiosas. Guardei cada detalhe de suas vidas e senti cada tempo dos seus sentidos. Que sorriso gostoso... Vivi. Essa afirmação é um sorriso, vivi! E percebo, finalmente, que esse orgulho, a presente felicidade, nasce de lembrar de tempos em que meu maior desejo era minha própria vida. Eu vivi o que meu coração precisava viver. Foi ele que pediu...

Se tanto me envolve e me alimenta, há uma absoluta certeza. Meus passos seguintes carregaram os elementos daqueles céus já vividos. O que cada céu nos ensina? Pulso com a certeza de que sou todos os céus que conheci. Ainda há, nos meus pés, a temperatura daquele chão e por lá minhas pegadas ainda residem. Meus olhos mantêm registrado o quanto relaxaram até se fecharem diante de tanto, seguido dos registros de quanto se recusaram a fechar diante de outro tanto. Por esses percursos, vi muito por dentro e pelo horizonte que eu tinha. De fato, não poderia definir o quão precioso era tudo por onde eu estava. Minhas emoções nasciam de dentro, então eu vivia com todas as minhas pulsações presentes em tempo de vida.

O aroma de café e a luz tranquila da manhã. O silêncio depois de acordar e meu tempo de abrir os olhos. Cada tom que tenho faz de cada vida que vivo meu jeito todo próprio de viver.

Tenho um jeito próprio de segurar as mãos e acariciar com cafuné. Tenho meu lado preferido de dormir e o tom de luz que mais me acalma. Sei quais são minhas músicas preferidas e o momento em que gosto de ouvi-las. Há meus lábios querendo beijo e minha preguiça pedindo carinho. Minhas ideias bonitas desejam ganhar o mundo e minhas confusões já não parecem tão problemáticas. Sei quando quero estar sozinho ou com você. Sei quando quero multidões ou três amigos. Não sei de um montão de coisas que ainda vou saber. Vou em busca de mim e do que faço com o que descubro. Viver feliz é viver a si, contando com tudo de gostoso que te faz feliz.

As pegadas estarão lá, os sorrisos estarão cá e a vida será toda nossa.

9
SUA SENSIBILIDADE

Cada um é dono de uma sensibilidade que capta coisas raras no mundo. Perceber os detalhes é estar atento às belezas sutis da vida.

À s vezes, sentimos o que os outros não sentiram, vemos o que não viram e entendemos o que não entenderam. Às vezes, os outros também sentem, veem e entendem como nós. Mas, independentemente de estarmos sozinhos, reconhecer as sutilezas que nos rodeiam engrandece o caminho do coração. Não significa ficarmos fixos e irredutíveis sobre o que sentimos, mas sabe quando há lá dentro uma certeza que raramente sabemos explicar? Bom, bem-vinda sensibilidade!

Acredito que atenção aos detalhes é sintonia com a vida. A vida é tão simples, tão expressa nas pequenas coisas que sempre entendi que os melhores ensinamentos estão nessas sutilezas.

Nos detalhes estão belezas raras e felicidades para quem se propõe a viver tais encontros. Esses pequenos detalhes estão em todos os lugares, relações e situações. Estão no seu relacionamento, nas suas amizades, pelas ruas que passa ou no trabalho. É perceber os perigos, as delícias, os ensinamentos, os erros e as lições. Se o seu coração estiver atento aos sentimentos mais sutis e você perceber o que fazer, sempre saberá construir o seu destino.

Não deixe o mundo anular sua sensibilidade. Pessoas que não conhecem essa forma de sentir adoram pisar em quem sabe. Já viu ataques gratuitos e sem sentido a quem só expressou ou viveu sua sensibilidade? Isso se chama recalque, e não podemos deixar o vazio, a grosseria e a crueldade amedrontarem nossas belezas. Nos defendemos sendo ainda mais o que sabemos ser. Queremos a felicidade, não é? Então a preservaremos seguindo o caminho de dentro.

Nos relacionamentos amorosos, familiares ou de amizade, o cuidado, a dedicação e o carinho são fundamentais. Se estivermos atentos ao outro, perceberemos o que precisamos fazer. Não estou dizendo para agradar a qualquer custo ou abrir mão de si pela felicidade de quem for. Nada disso. Cuidar é estar atento ao que o outro, você e a relação precisam, sem abrir mão de nenhuma dessas partes, incluindo a atenção ao amor. É o amor que diminui o orgulho, a raiva e a chateação que propõem conversas honestas, corajosas e necessárias. É dessa forma que os amores sobrevivem. Toda relação tem e terá seus momentos difíceis, mas só nossa sensibilidade nos colocará no caminho do amor. E com amor podemos tudo.

"Pude sorrir com os olhos. Sutilmente sorri com os olhos. Encontrava delicadeza, calma e vida no que sentia e via. Incrivelmente, a paz existia para mim como quando entramos debaixo de uma cachoeira. Não existe nada além da queda d'agua, assim como não existia nada além da paz no que eu sentia. Há vezes em que, em meus dias e noites, encontro pelo caminho cachoeiras, céus de muitas cores e amores infinitos.

O mundo é do tamanho que eu o percebo. Não posso olhar para baixo com tanto à frente. Não posso olhar só para fora com tanto dentro. Junto, então, as imensidões dos dois lados e faço dos mundos a razão de seguir sempre em frente. Juntos, conectados como partes de uma mesma galáxia, dão sentido e cor um ao outro. Então, finalmente, ganho batidas bonitas entre caminhos imensamente infinitos."

Para qualquer problema, os caminhos são os mesmos. Acalme-se, sente-se, entenda e vá, porque o coração saberá escolher o melhor percurso. Está muito bagunçado para isso? Peça ajuda a alguém em quem você confia e que ama. Essa pessoa te ajudará a encontrar o caminho do coração. A decisão de buscar ajuda e sobre quem procurar terá muito a ver com nossa sensibilidade, que está em todas as escolhas, simples ou complexas. Todo caminho é um caminho, então toda sensibilidade nos levará para o rumo do bem.

Ainda entrego a ideia do olhar sensível para o mundo. Para mim, estar atento às sutilezas bonitas do meu dia a dia me torna alguém muito mais feliz. Estou falando sobre sentir com atenção o vento, a gota da chuva, o calor do sol e o frio do inverno; sobre colocar uma música gostosa para ouvir ou parar para ver uma cena bonita; sobre sorrir ao ver uma criança brincando ou um pássaro cantando; sobre ver as diferentes cores do céu a cada dia e as folhas que balançam antes da tempestade; sobre respirar fundo, pulsar forte, lembrar dos sonhos com certeza. É ter noção de que, com tudo isso, seguindo o que você sempre desejou para sua felicidade, você sempre estará no caminho certo para uma vida de mais sorrisos.

Para mim, tudo isso alimenta o meu voo para as estrelas. O que te emociona? O que seu olhar procura quando você sente o coração? São essas coisas que valem a pena ver e que nos fazem mais fortes.

Desejo que seu olhar, sentidos e pulsações fiquem cada vez mais raros. Seus sonhos precisam disso.

SOU...

Sou do mar,
Sou do vento,
Sou da areia em que piso e das conchas que encontro;
Sou das sutilezas.

Busco cores para o olhar e perfumes para a alma,
Busco texturas para as mãos e calma para as pressas...
Busco pulsação e toque de veludo no som,
Busco a paz.

Para amanhecer, um amor e horizonte laranja,
Uma brisa calma e um silêncio bonito,
Uma sinceridade feroz e um renascimento,
Um coração entregue.

A vida está por aí...

10
LIVRE PARA SER FELIZ

Quando sua liberdade não te pertence, você trabalha para a felicidade de alguém. Nada mais livre do que decidir como viver a vida, nada mais feliz.

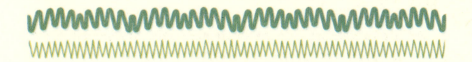

Qual caminho é tão seu, que você sente que precisa trilhar? Sinais lindos que indicam por onde a sua vida deve passar... Ao longo dos nossos caminhos, vamos sentindo e compreendendo o que é nosso. As cores pelas quais passamos, o que ouvimos, vemos e sentimos. O mundo é infinito com tanta gente criando, propondo suas ideias, imagens e sons inéditos. Percorrendo este mundo, entendemos o que conversa tanto com o nosso coração e, a partir disso, o que fazemos com tanto.

É a partir desse movimento que vivemos, vamos em frente e criamos o que é nosso. Nada melhor do que termos tempo, espaço e respiro na alma e no mundo para seguirmos, pouco a pouco, cor a cor ou toque a toque, colocando o que temos na alma para esse mundão. Ser livre para ser feliz, porque ser o que é, é ser feliz. Lá dentro, bem quentinho e guardado, como venho dizendo nestas páginas, a alma mostra, colore, canta e compõe o que ela precisa para rumar à felicidade. Se somos livres e ficamos à vontade para sentir e ser, compomos nosso poema dentro desse livro imenso chamado mundo.

E como o seu poema pode tocar quem o encontra?

Ser livre e compor sua liberdade é, antes de tudo, mostrar que podemos ser o que somos e, então, através dessa liberdade, oferecer o melhor que podemos ser.

Há liberdades que não estão nos outros ou por onde passamos. Há liberdades que precisam nascer de nós. Pelo nosso percurso, experiências e sentimentos, temos coragem e medos pelo caminho e não há nada mais sufocante do que termos quaisquer resistências a colocarmos para fora o que somos, porque isso é anular ou ignorar o que pulsa e sempre pulsará dentro de nós.

Talvez leve tempo para que você entenda o que quer fazer ou construir, mas, desde sempre, você sente os sinais das direções. Os seus gostos e vontades, em todas as áreas da vida, estão te contando onde está a felicidade a ser vivida. E, sim, cada um tem a sua! Não é lindo? É o que faz o mundo ser composto, plural, intenso e diferente. E com a riqueza dos outros também aprendemos, nos desenvolvemos, crescemos e até melhoramos nossos sonhos. Por isso, também é tão bonito você oferecer os seus.

Sorrisos podem nascer a partir do encontro com o seu melhor.

"Sou poema de muitos versos, de rimas sobre o céu e horários atrapalhados. Às vezes, sou certeiro como um relógio, preciso em poucas palavras e louco para rimar sobre o que está além.

Sou múltiplo. Sou vida e preciso ser muito. Sorrisos falam de liberdade e me pedem mais para sorrirem de novo."

Sei que, quando encaramos o mundo, damos de cara com um monte de paredes: o que não foi sonhado, planejado ou desejado. Problemas, aventuras e dificuldades inesperadas. Surpresas, boas e ruins, que nos levam para outro caminho.

Bom, vamos pensar que sejam apenas desvios no percurso e que, talvez, sejam absolutamente ricos para você chegar aonde quer. O que você está aprendendo com o que vive hoje? Se seu sentimento se mantiver conectado ao caminho que você quer trilhar, tudo o que você aprender hoje, por mais doloroso ou difícil que seja, servirá como fonte de luz para seus sonhos próximos: você ainda estará indo em direção a eles. O sonhador é inabalável, pois usará qualquer coisa que encontrar para chegar aos seus sonhos. Se o coração pede com tanta força, nada além dele poderá dar fim ao que se quer. A vida é uma intenção corajosa.

E como manter acesos os sonhos do coração? Bem, você não pode abandoná-los. É preciso conhecer o sabor do que se deseja para sempre se lembrar que vale a pena. Por que isso te faz feliz? Por que te completa? Por que é sua missão? Talvez você não consiga responder com palavras, mas, se sentiu a pontada da paixão, pronto, coração que me lê. Está acesa. A paixão definitivamente é o fogo invencível da vida. Ela faz qualquer coisa ser possível.

Algo que também devemos sentir é a mudança dos nossos sonhos. Com o tempo, suas vontades podem mudar por causa do seu amadurecimento, de novas percepções do mundo e de novas possibilidades, mas não tenha medo de mudar os planos. O que nos mostra que estamos no caminho certo é a pontada da paixão e a sensação de felicidade. Não tenha medo das surpresas da vida. Às vezes descobrimos que tudo em que acreditávamos não faz mais sentido e, então, partimos para o novo. Viver é estar aberto. Viver apegado a ideias sem sentido é se amarrar na infelicidade de não ser inteiro.

Deixar a sua liberdade na mão dos outros pode parecer mais fácil e confortável. É grande a responsabilidade de batalhar, principalmente pelas ideias, sonhos e desejos que nascem de dentro de nós e são imensamente importantes. Mas viver abrindo mão dos nossos próprios caminhos e sonhos é tão triste quanto não viver.

Se você está vivo, você está pronto para conquistá-los. A liberdade reside em seguir o coração… E a felicidade também.

PARA ALÉM E MUITO...

Lembro-me de quando eu era criança e da aventura e da emoção imensa de alcançar o mais alto das árvores. Sentir uma velocidade de vento nova, encontrar com os olhos ângulos diferentes e ter em todo o meu corpo a sensação de presente. As folhas balançavam alegres em sinal de boas-vindas, e eu respirava o mais fundo que podia. Aqueles respiros alcançavam o fundo do coração... Não era só ar, era vida.

Carnaval de muitas cores e risadas a cada rodopio. Vontade de festa e esquecimento do fim. Brigadeiro sem culpa e horário sem preocupação. Ares de um presente infinito reconhecido no sorriso da liberdade de ser.

Preciso fazer ficar... Preciso fazer ser e ter em mim os espaços das minhas vontades divertidas e fluidas como as águas de um rio. Quero minhas risadas correndo à vontade. Nascente de dentro e correnteza do coração. Se descobrimos o mundo com o dom de seguir nossos instintos mais ousados, em que momento perdemos o talento de sermos nós mesmos? Estamos prontos, sempre estivemos. O desafio é não deixar o mundo nos fazer esquecer.

Proponho, em meus dias, o subir de mais árvores. Talvez eu esteja subindo em uma quando parar para ler um poema, tomar um café, encontrar um amigo de anos ou olhar para as cores do céu. Há árvores para subir ao ver um cachorro brincando, na delícia de sujar a roupa com sorvete, nos beijos, nos olhares e no dedo que acaricia a mão entrelaçada na sua.

A liberdade deve nos acompanhar por onde estivermos. Se existente e viva por dentro, podemos seguir tudo o que sentimos. Superaremos estar onde não desejamos e qualquer fase que tivermos de enfrentar.

Às vezes, a vida e o colorido de que precisamos estão mesmo em um carinho de mãos. Dele, fazemos o mundo.

11
OS OUTROS PODEM SER SÓ OS OUTROS

Devemos amar a solidão para entender o que precisamos de verdade. Você é a única pessoa que sabe o que deseja. Por vezes, para ir em frente, os outros precisam ser apenas os outros.

Partilhamos a vida e, ao longo dela, nos misturamos a diversas outras. O tempo todo, recebemos o que é do outro e, naturalmente, entregamos o que é nosso. Conviver, viver e ser é isso. O instinto de compartilhar a vida está no nosso interior, mas também não devemos nos esquecer que os outros podem ser só os outros e, às vezes, precisamos fazer com que o sejam.

Você sabe o que deseja? Sente qual é o caminho? Essas respostas nascem de conversas consigo mesmo. Se depois você perceber que algumas pessoas não te atrapalham a seguir em frente, dê mais protagonismo a si e menos aos outros. Chega de ouvir aquilo que fere sua verdade.

As pessoas que nos querem bem sempre têm muito a dizer sobre nossos caminhos, porque esse é o jeito de cuidarem de nós. Temos pelo menos que ouvi-las, pois toda palavra COM intenção de amor pode nos levar a voos maiores. As palavras de cuidado, generosidade e carinho são maravilhosas para ajudarem a entendermos qual caminho devemos trilhar. Mas não podemos esquecer, mantendo toda a nossa coragem, que, depois de considerar tudo, é intimamente que saberemos para onde seguir. Às vezes, não temos certeza absoluta, mas o coração consegue perceber a melhor direção para os passos.

Ainda assim, jamais largue a sua intuição, pois ela te diz se você está no caminho ou não. Ouça o mundo, mas só você mesmo pode sentir o que te faz ir em direção às estrelas. , e outras pessoas também podem nos ajudar a entender.

"Ainda que não entenda como é possível, há em mim o sopro do caminho. Sinto, da superfície da pele até a profundidade do peito, o que amo, preciso e vivo. Olhando para fora e sentindo por dentro, entendo o que do mundo preciso e o que de mim já existe por aí."

Estamos rodeados pelos elementos do mundo e somos parte dele. Em nossa natureza, sentimos, avaliamos e consideramos o que percebemos. Com isso, sempre teremos em nós um pouco de tudo o que avistamos e os outros também terão uma parte de nós.

As críticas, por exemplo, chegarão com qualquer movimento. As palavras virão na exata proporção do que fizermos. Há um limite tênue entre o que te faz caminhar e o que te ancora: precisamos de coragem. Temos que olhar e tentar perceber se aquilo pode realmente nos ensinar e, então, ir em frente. Se puder, que bom: você já sabe mais um pouco sobre como crescer. Se não, talvez ainda não estejamos maduros para compreender ou talvez realmente não tenha sido com boas intenções.

Não é que devamos nos achar sempre os donos da verdade e que não possamos aceitar nenhum mundo que nos critique — muito pelo contrário. Eu só gostaria de fazer o seu coração perceber o que você pode abraçar e o que deve mandar para longe. Na verdade, precisamos de coragem, porque nem sempre devemos ignorar o que nos machuca. Às vezes, temos que sofrer para aprender e melhorar. Outras, é simplesmente grosseria, ignorância ou até inveja. Precisamos reconhecer as invejas que nos rodeiam, pois nós também invejamos os outros. Só vamos conseguir sentir a diferença com muito cuidado no peito... Entender de onde veio, de quem veio, por que e para quê. E, caso seu coração sinta que dali vieram sentimentos ruins, deixe para lá. Não podemos achar que conseguimos ter certeza sobre tudo e todos. O que importa é saber se essas emoções te ajudam ou te atrapalham no hoje e, a partir disso, seguir o seu voo.

Às vezes, emoções contrárias podem vir de pessoas que amamos, o que faz tudo ser mais difícil, mas até essas precisam ser apenas outras pessoas, mesmo que só por este capítulo.

Por que você se desviaria da sua rota?

MEUS PRÓPRIOS PASSOS...

Se penso bem sobre os meus passos, me sinto descalço, tocando a terra, a grama, o sereno já pousado, as folhas dos ventos da madrugada e, por ora, ao lado de flores que decidiram voar. Sinto-me caminhando e sinto cada toque dos meus pés no mundo: eles levam todo o meu ser e dão impulso ao coração e movimento a todo o meu ser. Na minha pele, a cor da terra e resquícios da grama molhada. As folhas e flores deslizam sobre meus passos e descansam sobre a brisa fresca. Meu caminho é definitivamente no mundo.

Tão meu que pareço andar de dentro para fora. O impulso de cada passo nasce do brilho nos olhos, que nasce da vida de dentro, que nasce das belezas que busco. A direção é sempre a das alegrias da oportunidade de estar vivo. Os bons caminhos são aqueles nos quais a vida é reafirmada com paixão.

Encosto no chão e o chão encosta em mim. O mundo me quer quando também o quero. Querer viver traz mais vida. As belezas cultivadas por dentro encontram as belezas esperadas lá fora.

Vou e voo e só consigo seguir assim. De tanto, penso e sinto que não posso deixar para lá a oportunidade de ser tanto de mim.

Tanto.

Tanto de mim.

12
O SIMPLES

A vontade de viver tanto e tudo por vezes nos leva a buscar o complexo, porque acreditamos que o melhor é difícil e elaborado. Nas emoções, a lógica é inversa. A vida se conecta melhor às simplicidades.

Quando nos sentimos incomodados, desejamos resolver o mais rápido possível, então temos ideias, fazemos planos e revemos os nossos passos. Também, quando queremos muito conquistar algo que nos toca profundamente, somos tomados por uma enxurrada de pensamentos e emoções. Pode acontecer em qualquer fase da vida e acompanhado de muitos sentimentos. Você pode estar triste, lutando contra o sufocamento das emoções e pensando em saídas. Pode estar feliz, bem, mas igualmente ansioso para conquistar ou alcançar qualquer coisa. De toda forma, é muito fácil nos perdermos nesse caminho e não há erro algum se isso acontecer! Corações sensíveis muitas vezes pensam, sentem, vivem e repensam suas emoções diversas vezes ao longo de um mesmo dia, principalmente quando desejam mudanças, mas essa chuva de movimentos pode nos levar para além do que precisamos; acabamos gastando energia com o que não precisamos.

Você já percebeu que, quanto mais pensa, mais sufocado fica? Sim, é muita coisa em cima do seu coração. O peito quer a leveza da simplicidade.

Queremos sentir coisas boas. Tudo o que foi criado sempre foi pensado para o bem-estar de alguém. Faz parte de nós, antes de qualquer intenção, a busca pelo sentir gostoso, sentir leve, sentir bem, que é o que buscamos constantemente na vida. Ainda aquele que não está bem, que está machucado e sofrendo, seus sentimentos tristes justamente narram a sua vontade pelas coisas boas. E, mesmo que a pessoa esteja fraca, por dentro sempre há a vontade de que tudo fique bem. É clichê porque é humano e existe em todos nós.

Olhando e sentindo a vida, percebi que a busca é sempre pelo mais simples. Ainda que dê muitas voltas, busque soluções difíceis e planos complexos e elaborados: o encontro é pelo que é simples. E o que é essa simplicidade que nossos corações procuram? São fontes de felicidade que não precisamos comprar.

Nascemos assim, prontos para sorrir por causa do que é simples. Não estou negando as coisas compradas e as facilidades do dia a dia, mas, essencialmente, construímos felicidades profundas e contínuas com o coração diante das emoções humanas. Essas estão na simplicidade, porque a natureza não pode ser reinventada. E, se somos também parte dela, é na sua simplicidade que mora nossa fonte de vida.

Quão humano você deseja ser?

EU QUERO COM TODA A IMENSIDÃO QUE UM CORAÇÃO CONSEGUE SENTIR

"Meu universo pede o contato das mãos e o encontro de olhares.

No caminho, observei como o vento, ao bater nas minhas costas, soprava gelado a meu favor. Sua temperatura não era um problema, pois me lembrava do quanto eu estava feliz e aquecido. Cada passo era vivido e os lábios inquietos provavam isso. Ainda que secos pelo frio, sentiam-se vivos com a vontade de sorrir."

Reencontrar-se com o simples faz com as coisas melhorarem. Quando nos sentimos sem saída, cansados e preocupados, quebrar esse ritmo é fundamental. Se sentir essas dificuldades é muito pesado, precisamos nos dar um choque com o oposto, entregar leveza. É sair para caminhar, para correr, ouvir uma música que te faça bem, olhar uma paisagem, respirar um ar geladinho...

Quais simplicidades te abraçam?

Quando nos damos essa oportunidade, abrimos uma brecha de luz na sensação de escuridão que carregamos, o que nos lembra de que há outras possibilidades e sensações para além das nos habitavam. Nos sentimos de volta à vida e, a partir desse retorno, criamos ainda mais caminhos para estarmos cada vez mais conectados a ela. As coisas simples, que nos tocam profundamente, são sempre maravilhosas para recuperarmos o nosso humano. Precisamos das belezas da vida.

Quando estamos muito empolgados com algo que queremos que dê certo, também temos que nos lembrar desse caminho simples. Quando estamos apaixonados e desejamos conquistar alguém, consideramos cuidadosamente todas as nossas atitudes e, quando nos atrapalhamos com uma palavra ou vírgula, achamos que estragamos tudo. Volte para o seu simples, o seu jeito de ser. Tente acessar a sua forma natural de amar, cuidar e proteger e esse será o melhor caminho, porque será absolutamente verdadeiro. Não haverá delícia maior do que viver essas emoções sendo você mesmo, com as simplicidades que te pertencem. O mesmo vale para qualquer relação de afeto. Há algo mais simples do que as emoções do coração? Não podemos deixar que elas fiquem pesadas.

Com os seus sonhos e caminhos não é diferente. Quando não souber mais para onde ir, volte ao começo. Depois de pensar tanto sobre tudo, volte um pouquinho. Perceba que, muitas vezes, a saída está em ser simples. Pensar muito e não encontrar as respostas pode ser um sinal de que a saída não está nessa complicação toda.

Desejo que sua vida seja simples... Repleta do que toca o coração.

SIMPLESMENTE VIDA...

Simples com tudo que sou. Há sempre em mim o pedido das coisas boas. É só a linguagem do coração encontrando no mundo o que faz sentido para ele. Minhas preocupações são para ouvir, entender e perceber as sutilezas que passam por mim como o vento. Com o coração atento e a vontade de ser o que sou, o vento, por um instante, para de soprar, e, então, compreendo os ricos detalhes que me encontram.

Por onde passei, quem encontrei e o que vivi, as pegadas que carrego aqui dentro de mim foram registradas pelo carinho. Não tenho em mim registros que não falem sobre as pulsações de vida. Há o que dos olhos, da pele, dos ouvidos e da boca foi direto para o coração. Aquilo que para o humano é tão sentido é o que ele mais precisa.

Corações pulsam o que guardam.

Lembrarei e levarei o que é real. Conquistarei outras belezas e as manterei aquecidas dentro de mim por todo o rumo de minhas histórias.

É simples,
Imensamente simples
Profundamente simples
Deliciosamente vida.

13

SAUDADE

A saudade sempre será uma ligação com as nossas histórias, com o que vivemos e não nos abandonou. Se a usarmos como inspiração para o hoje, transformaremos o passado em lembranças mais valiosas e o presente, em oportunidades mais ricas.

    Sentir saudades é tão lindo quanto viver um momento maravilhoso no presente. É sentir orgulho do que se viveu, dos lugares visitados, das histórias construídas e dos afetos sentidos. Sentir saudades é validar o coração vivo, aberto e corajoso que viveu o intenso em suas histórias e que pulsa muito melhor por isso.

    As lembranças envolvidas numa saudade são tão precisas, que parecemos viver aqueles instantes novamente. Temos em nós o registro dos segundos que vivemos e de cada emoção e gesto dentro deles. Sabemos o que vimos, ouvimos e falamos, o que sentimos e amamos. A precisão desses detalhes enriquece o presente e traz orgulho para a vida. As conquistas, os momentos e as pessoas que mais despertam nossos afetos tatuam o coração com suas eternas lembranças. Sentir é viver próximo da sua intimidade, próximo de si mesmo, então vivemos mais próximos do que precisamos quando permitimos que nossas emoções pulsem livremente dentro de nós.

    Pensando assim, o papel da saudade é inspirar, nos tornar ainda mais prontos para viver o presente com tudo o que ele pode nos oferecer. Sei que a linha entre o sorriso e choro dentro de uma saudade é tênue. A falta muitas vezes nos traz a urgência de viver de novo. Sentimos vontade de reencontrar alguém, um lugar, um momento, uma emoção, mas, no fim das contas, estamos sempre falando da felicidade que isso envolve. Se algo te faz falta e pede choro e vontade de reencontro, é porque é bom, gostoso, amado, vivo. Mais uma vez, a saudade vem para inspirar. Sentir saudade é saber que a vida realmente vale a pena.

    Esse é o processo necessário para quem fica preso a uma saudade. Todos nós precisamos viver o nosso tempo de ausência e despedida. Se for uma fase, a oportunidade de sentir cada detalhe dessa saudade deve ser aproveitada. Quantos amores, amizades e relações familiares, ganham ainda mais vida após uma saudade? Se você sente falta, é porque há muito que gosta, ama, admira… Então é uma linda oportunidade para pensar sobre tudo que faz seus olhos brilharem, não? Por isso a vida muitas vezes é reacesa. A ausência contrasta com a presença e, assim, nos lembramos com mais exatidão do que aquelas vivências trouxeram para nossa vida. Então, se é apenas uma fase, aproveite. Saudade é paixão, é namorar, é se dedicar, é valorizar.

"É preciso coragem para viver além de si. Partes minhas se misturam a outras e logo não sei mais o que me pertence. Talvez, quando me misturo, tudo passa a me pertencer e tudo também pertence a quem me encontra. Tudo que somos cresce e se desenvolve com o que vivemos, e o presente é a exata chance de valorizar todos os nossos percursos até aqui."

Se sua saudade é do que não pode voltar ou do que é incerto, você precisa se lembrar dos brilhos que viveu. É sobre sentirmos os privilégios do que vivemos e o que eles podem nos dar para o hoje. Do que você mais se orgulha com relação àquilo de que sente saudade? De que momento ou sentimento você se lembra com felicidade? Nada é mais gostoso do que a certeza de ter participado de momentos imensos, coração que me lê.

O tempo de cada coração deve ser respeitado. É preciso passar pelo sofrimento da ausência para ir em frente. Anular isso é adiar o seu bem-estar e, às vezes, concretizar uma dinâmica triste sempre que sentir saudade. Precisamos passar por esse enfrentamento, mas vamos a cada dia desenvolvendo em nós o orgulho com relação ao que foi vivido e a vontade de viver outras belezas. É da nossa essência a sede de viver mais: esse momento chegará.

Uma vez, eu e minha terapeuta construímos uma frase em uma sessão durante a qual falávamos sobre saudade. "O que me foi vivido, sempre será meu." Essa frase me traz alívio, respiro, sossego. Inconscientemente, achamos que superar a dor significa nos distanciarmos e abandonarmos aquilo de que sentimos tanta falta. Parece que amaremos menos aqueles momentos, mas é um engano. Se foi vivido, sempre será seu, pois faz parte da sua história, e tudo aquilo pelo que você passa te ensina a viver melhor o seu presente. Há inúmeras histórias maravilhosas para serem criadas e vividas no seu futuro. Se você desistir dessa oportunidade de caminhar e se concentrar apenas no que já passou, você perderá a chance de viver outros momentos tão grandes quanto ou quem sabe ainda maiores.

Quer honrar as suas lembranças e torná-las ainda mais valiosas? Transforme-as em sua inspiração para viver momentos ainda melhores. Leve na sua consciência a ideia de que aqueles tempos passados te proporcionam riquezas ainda maiores hoje. Assim, o orgulho do que você viveu se manterá vivo e o abraço com o presente será quentinho.

"Não podemos ignorar as nossas sensações, porque isso nos adormece por dentro. Portanto não deixe de vivenciar uma dor, uma falta, uma saudade, porque isso te fará mal e congelará seus impulsos sem que você perceba. Viva o que for necessário e, no seu tempo, se aqueça. Corações corajosos devem estar preparados para sentir tudo o que for imenso, inclusive o que os machuca. Só corações assim são capazes de viver as maiores belezas da vida."

SAUDADES MORAM NO LADO QUENTE...

Ora me sinto como as ondas do mar, ora como a areia molhada. Por onde existo, encontro e desencontro e como sinto tanto... Não há como não sentir. Existo, presente, vivo, pulsando e vivendo. Encontro as belezas que procuro e delas faço festa. Olhos brilham e corpo vibra. Estou encontrando o que me toca e só posso ser toda presença.

Onde sorrio, me instalo. Não evito me entregar e não me impeço de amar. Eu não estaria aproveitando minha chance de viver se sorrisse menos quando posso sorrir tanto. Não, jamais poderei. Sorrirei inteiro e totalmente. Deixei meus braços, perfume e cabelos se entrosarem com todos os encontros. Abraçarei o vento das lindas paisagens e os braços dos grandes amores e beijarei a boca das grandes emoções.

Ainda que, no futuro, eu pague um preço por tamanha presença, ter tido coragem de viver com todo o meu coração será uma lembrança mais feliz do que a covardia de ter desistido. Não quero sentir falta do que não vivi, mas de onde estive, porque lá estive. Sorrio desde já e para sempre.

Com saudade, me declaro e agradeço. Sou mais feliz pelas lembranças vividas. Faço minhas malas e parto, com a bagagem cada vez mais cheia de memórias. Ainda não sei para onde vou, mas tenho certeza do lugar de onde vim, e isso só me traz vontade de longos futuros.

14
AMOR

**Se há amor, há todas as possibilidades.
O amor é o abrigo da vida.**

Escolhi terminar por este capítulo, porque acho que nenhuma força é maior do que o amor para buscarmos nossas estrelas. Não há emoção que seja mais pensada, refletida e buscada em nosso mundo, porque o prazer de sentir o amor, seja pelo que for, é o que nos faz sentir que a vida definitivamente está no rumo certo.

O amor é a fonte de todas as emoções que nos rumam ao caminho do bem, pois contém as belezas infinitas da vida. Penso nele dessa forma, porque só consigo enxergar amor naquilo de bom que as pessoas lutam tanto para viver, independentemente do que seja. Estou falando de brilho nos olhos. Amor por uma ideia, por uma intenção, por uma vontade e, claro, por alguém…

Sou a favor de descobrirmos pelo que nos apaixonamos como parte de entendermos os caminhos que nos farão bem. Se nos desperta amor, estamos diante de algo que se conecta à nossa vida. Ainda que, às vezes, seja difícil colocar em palavras, há sensações por dentro que vão nos mostrando o que nos desperta amor. Seriam sinais das nossas estrelas? Eu apostaria que sim.

Sinto, com todas as minhas histórias, que o amor abriga a vida. Sabe quando precisamos daquela fagulhinha de vida para aquecermos todo o nosso coração? Pois ela mora no amor e nunca se apaga. Sempre que há amor, há uma fagulha: buscar o que te desperta amor é acender a sua vida, e o destino é lindo como um nascer do sol. Aliás, isso também é nascer de alguma forma. Nasce mais uma parte sua, pulsa mais uma parte sua, vive mais uma parte sua. É estar vivo e com vontade de viver. Sinto o amor só de escrever.

Todos merecem encontrar o que faz sua vida se acender.

"Cobri-me do que era necessário e vi o coração se aquecer. Como se fossem um cobertor, deixei as camadas da vida me abraçarem. O coração sabe encontrar e trazer para si o que precisa para se manter aquecido. A luz interior brilha e meus caminhos se tornam fonte de mais luz. Na ponta dos dedos, no brilho dos olhos e na intenção do coração, construo no mundo o que vibro por dentro. Semeio-me de amor e floresço."

Onde sentimos amor, há um toque sagrado, por causa da importância que o que te proporciona amor tem pra você. É preciso um cuidado imenso com essas fontes que te fazem sentir tanto. Não me refiro a um cuidado pesado, rígido, tenso, porque isso não combina com o amor. Refiro-me a estar sempre atento à sua fonte de amor. Atento para não se descuidar, para não deixar para lá, para não abandonar o que te acende.

Embora amar seja extremamente forte, muitas coisas ao longo da vida podem querer nos levar para longe do que gostamos, como o risco de sentir tanto, a responsabilidade de cuidar, as pressões sociais que tentam nos ordenar ou até mesmo a sensação de ser incapaz. Às vezes, sentimos que não vamos dar conta de tanto e que não nos realizaremos como sonhamos. Bobagem... Não digo que você conseguirá absolutamente tudo o que busca, mas afirmo que, se você não tentar, se machucará ainda mais. Se alguma coisa não sair como esperava, o que você aprende para continuar buscando o amor? Vá em frente. O amor é fluido, gostoso, delicado e sutil. Há partes do caminho que machucam, mas ensinam e nos deixam mais prontos para as nossas buscas. Não é clichê, é vida. Estamos vivos, não? Então te aconselho a seguir em frente para buscar, porque é a melhor opção. Já que vivemos, lutemos para sermos felizes. Nossa luta é com o peito.

Antes de tudo, você mesmo. Para que os outros tipos de amor possam surgir na sua vida, você deve, antes de mais nada, amar a si mesmo. Já viu pessoas que ficam infelizes muito tempo por amarem? O que elas amam tanto e muito mais do que a si mesmas para sofrerem por longos invernos? O que há nesses amores que, quando perdidos, nos derrubam? Não tem problema sofrer, porque dói mesmo! Amamos e queremos ser amados. É duro perder um amor. Sabe quando começamos a superar? Quando entendemos que merecemos mais do que aquela dor. Querendo ou não, sofrer também é uma forma de amar. Estamos ali, dentro do sofrimento, dizendo que amamos, porque senão, não sofreríamos. Por isso, é muito fácil nos embalarmos na ideia de sofrer por amor: sentimos que também é uma declaração. Mas, no final das contas, é só sofrimento mesmo e não o que queremos para os nossos caminhos.

Que viva a tristeza, o sofrimento e a perda, mas em que momento percebo que o pulsar do meu coração merece ser justificado em mais sorrisos do que lágrimas? O amor abriga a vida, lembra? Para nos reacendermos, precisamos reencontrar o amor em nós mesmos e em outras coisas. Logo, o que não vale mais ser amor passa... Com o amor próprio, você entenderá que merece tempos mais iluminados.

Se a sua perda de amor foi por alguém que não habita mais essa vida, você não deixará de viver esse amor dando passos à frente. O amor se torna eterno e transcendente. Não lutaremos para perder esse amor, mas para compreender o lugar dele em nossos corações. É sentir orgulho do que foi sentido, ser grato pelo tempo compartilhado e compreender o que esse coração que se foi gostaria que fizéssemos agora.

Bom, se estamos falando de amor, o pedido seria de vida. Viva e seja feliz. Essa é a melhor forma de honrar os amores que nos habitam.

Não importa onde, quando e o que você ama. Se o amor existe em você, os caminhos sempre serão de trilhas floridas.

Cuide e cuide-se.

Sem amor, não construímos o que nos importa.

DE CORAÇÃO FELIZ... AMOR.

Amor por onde passo, estou e quero chegar... Sempre há algum tom de amor, porque sempre há alguma vontade de vida onde estamos. Estamos em algum lugar e com algum pensamento que certamente busca nossos caminhos para a felicidade.

Ainda que eu possa me sentir triste e preocupado por um instante, meus movimentos zelam pelo caminho do sorriso e não desisto de buscá-lo. Por onde vou, passeio caçando as pequenas felicidades. Dali, faço meus segundos e minhas horas, que constroem meus dias. Dali, faço meus instantes, que se tornam momentos e se fazem vida. Uma vida feliz coleciona felicidades mínimas pelo caminho, porque há felicidade até mesmo em encontrar uma fileira de formigas ao caminhar por aí. Há felicidade no que é sutil e, porque a vida é simples, ela habita os detalhes e delicadezas das existências. Encontramos a emoção naquilo que respira fundo e, muitas vezes, só respiramos fundo quando aprendemos a olhar para nossos corações. Se o amor habita, a força existe. A faísca de vida está presente e é capaz de tudo. Viver é amar, porque, sem amor, não se deseja o passo à frente.

Descobri meus amores com o mesmo silêncio que fazemos quando olhamos as estrelas. Qualquer palavra parece insuficiente e inacabada para definir tanto. O silêncio homenageia o belo inigualável. Nenhum amor é menos, porque o amor é exatamente nossas belezas indefiníveis. Habita-nos e nos torna capazes de abrigar o imenso de vivermos o infinito. Como se descobrir grande é bom, sentindo o que não se define. Acho que amar é uma possibilidade de descobrir que tudo pode ser ainda mais belo.

De coração feliz, me sinto parte do mundo como meus batimentos parte do meu peito.

A partir dele, o pulsar faz a vida caminhar por todo o meu corpo, indo a todos os cantos e espaços que consegue, me tornando vivo. Na vida, me imagino sendo um coração e deixo meu amor fluir pelos caminhos do mundo, podendo oferecer a minha vida por todos os espaços que alcanço. Se todos formos um coração pulsando amor, espalharemos amor por onde formos. Onde quer que o amor alcance, não nasce nada que não seja amor. Só cabem sorrisos e felicidades.

Aqui, afirmo que sempre estarei atento àquilo que amo. Se cuido da vida e desejo viver com a consciência de que fui feliz, meus amores sempre permanecerão vibrantes no meu coração. Cuidarei e me agarrarei nos brilhos que criar.

O amor é mesmo o abrigo da vida e vejo isso só por gostar tanto dela quando amo.

AS ESTRELAS VIVEM EM NÓS...

Música *Time* — THE ALAN PARSONS PROJECT

Chegamos até aqui, coração que me lê. Fomos astronautas e voamos à procura de nossas estrelas e garanto que as encontramos.

As estrelas sempre estiveram dentro de nós, porque é ali que as grandiosidades da nossa vida habitam, o que nos torna verdadeiros astronautas rumando para nossas felicidades. Tínhamos que nos reencontrar com nós mesmos, essa era a missão. Conseguimos.

O caminho tinha que ser esse por uma razão simples: tudo o que nos faz felizes está, antes de tudo, em nós mesmos, porque somos a fonte daquilo que nos importa. O amor que você sentirá, os sonhos que tentará alcançar, as paisagens que te emocionarão, as músicas que te comoverão e cada momento lindo da sua vida são reflexos das belezas que já moram dentro de você — as suas estrelas. Quando entendemos o que nos emociona, nos sentimos felizes e realizados ao encontrarmos esses mesmos elementos no mundo.

Saímos em busca das suas estrelas para que o seu coração e a sua alma pudessem, a cada passo da vida, encontrar tudo o que conversa com o seu céu. Cada pessoa é dona de uma constelação, e cada coração sabe do que precisa.

A proposta é se entregar e mergulhar. Nossos medos fazem com que não desejemos olhar para nós mesmos, porque pelo caminho sempre há o risco de não vivermos tudo o que queremos. Com a busca e os sentimentos sempre vivos, cada etapa será apenas uma etapa, e a chegada acontecerá quando você viver o que precisa. É necessário coragem. Nada se compara ao sorriso do momento em que habitamos o que sonhamos.

Desejo, de todo o meu coração, que este livro tenha te ajudado a pensar sobre você e seus caminhos. Eu jamais poderia te ensinar nada, porque este livro nunca pode ser sobre mim. Você que me leu, leu um livro sobre você, por isso te chamei de coração que me lê. Todas as emoções vividas aqui nasceram do seu coração e é exatamente sobre ele que falamos. Desejo que você seja feliz e que busque o que as suas estrelas pedirem.

Escolhi colocar essa música, porque foi ela que me inspirou a escrever as primeiras palavras deste livro. Ela fala sobre algo que é difícil de aceitar, mas que é absolutamente real e que nos inspira a lutar pela nossa felicidade. O tempo passa e tudo passará em nossa vida. As despedidas acontecem e o fim da vida chega. Se temos essa certeza, por que não fazemos o caminho ser intensamente feliz? Temos a chance de conquistarmos tudo que nosso coração pedir. Somos feitos para sentir e sonhar, então desejo que você utilize esse dom da melhor maneira possível.

Seja feliz, coração que me lê. Foi um prazer navegar pelo infinito ao seu lado.

Um astronauta sempre saberá quais são suas estrelas, por isso sempre saberá o caminho da sua felicidade.

Gratidão e até já.

As palavras do peito sempre nos farão presentes.

Com carinho, cuidado e estrelas,

VICTOR DEGASPERI

ASSINE NOSSA NEWSLETTER E RECEBA INFORMAÇÕES DE TODOS OS LANÇAMENTOS

www.faroeditorial.com.br

CAMPANHA

Há um grande número de portadores do vírus HIV e de hepatite que não se trata. Gratuito e sigiloso, fazer o teste de HIV e hepatite é mais rápido do que ler um livro.

FAÇA O TESTE. NÃO FIQUE NA DÚVIDA!

ESTA OBRA FOI IMPRESSA PELA GRÁFICA LC MOYSES EM FEVEREIRO DE 2020